U0610561

你知道吗？

孩子的成长是有规律的。

希望这本书能帮你

真正了解自己的孩子。

全球阶梯教养圣经

Your Thirteen-to-Fourteen-Year-Old

你的13～14岁孩子

〔美〕路易丝·埃姆斯
〔美〕弗兰西斯·伊尔克　著
〔美〕西德尼·贝克

玉冰｜译

北京联合出版公司
Beijing United Publishing Co.,Ltd.

目 录
contents

1
Chapter **我们对青少年的研究**

这本书的基本主题是成长，包括身体的成长、心智的成长和个性的成长。这本书本身也是一个沿着当初的研究之路而成长起来的作品。六十多年来，本书的作者们针对儿童的常规成长进行了系统性的长期跟踪与观察。在此期间，我们一直观察着孩子行为模式的成长进程，甚至包括在出生以前就显现出来的模式，以及贯穿整个婴儿期、童年期和青春期的纷繁变化。本章主要介绍青少年的成长过程。

- ⊙ 与社会的相容性
- ⊙ 与时代的相容性

2 Chapter 13 岁孩子的成长与发育状况

> 　　13 岁的少年在奔向青春的大道上会来个突然转向或者急刹车。他一改 12 岁时的阳光、沉稳，再度陷入纠结的状态：不愿与人交往，内向，有点退缩，不愿被别人窥探。他不喜欢与成年人打交道，看待问题已经有了自己的独到见解。这时的他开始懂得克制自己，不会吃起来没完没了，基本上能做到按时上床睡觉。虽然他这时的性格阴郁，悲观，隐秘，可是在动手能力方面，他们频频闪现灵光，喜欢敲敲打打，自己动手修理和制作东西。总体来说，13 岁的少年已经明显展现出青春期少年的特点。

1. 成熟状况：摇摆不定、不停纠结的年龄　　*026*

- ⊙ 喜欢独处，"封闭"自己
- ⊙ 不合群的个性恰恰符合 13 岁少年的成长规律
- ⊙ 对自己进行反思，过程纠结，干脆关闭自己
- ⊙ 性格导致母子关系陷入紧张阶段
- ⊙ 朋友关系明显处于重要位置

3
Chapter

14 岁孩子的成长与发育状况

　　当他从拧巴的 13 岁迈入充满朝气的 14 岁时，你会看到一个角色多变的少年。他热爱学校，热爱社交，愿意让自己的生活变得十分充实。14 岁的他包容性更强，而不再像一年前那样对看不惯的事情大肆批判。尽管 14 岁的孩子具备这么多优点，但不能忽视这时候有些男孩和女孩会接触毒品；在性方面，14 岁的年青人会由于没能获得足够的知识与信息而遇到意外怀孕、堕胎等诸多问题。这时候，家长如何面对孩子在性方面的问题是非常必要和棘手的事情。好在 14 岁的年青人绝大部分都会表现出更强的责任感，这是让人欣喜的事。

Chapter 4 14 岁之后历经波折的成长脉络

度过开朗、乐观的 14 岁，接下来的 15 岁、16 岁的少年依然处于青春期阶段。他们的"独立"意识越来越强烈，渴望自立门户，从家里走出来。15 岁的孩子处于成长的不和顺期，他又开始进入看什么都不顺眼的阶段，与家人、老师的关系糟糕起来；而 16 岁又进入和顺期，继续呈现阳光开朗的一面。如果你很难理解孩子 14 岁以后的行为，那么希望本章内容能给你些许启发。

作者序

给父母一份关于孩子的成长地图

我们已经出了不少书,讲述孩子在不同年龄段不断变化的行为特征。这一本也一样,讲的是13—14岁孩子的行为特征。

我们对青春期少年的研究资料最早发表于1956年。近年来,我们又采访了上千名当代年青人,以及他们中一部分人的父母,并从中收集了更多的资料。这些采访为我们提供了一个基础,使我们得以对比20世纪50年代初期与70年代末80年代初的青少年的行为。

我们得到一个很明确的印象,那就是从根本上来说,人类行为在这数十年间并没有多大改变!女人怀孕仍然绝大多数需要9个月的时间,性成熟的年龄和二三十年前比也没有多少明显的变化。这些年来深入研究学龄前儿童行为变化的结果，也让人感到惊人的相似。

青春期少年行为的方方面面，都几乎和我们在 50 年代初所观察到的结果完全相同。少年们的主要任务仍然锁定在三个方面：1. 挣脱父母的束缚；2. 建立对自己个性的认知；3. 对异性越来越感兴趣。

不过，尽管人的基本成长变化规律呈现显著的一致性，但是人们仍然普遍认为，人类行为和人与环境之间的相互影响关系密切。同样一个人，在不同的环境下，其行为很可能大不一样。而且我们必须承认，80 年代少年的世界与 50 年代的相比，在许多方面都大不相同了。

拉尔夫·鲁腾伯博士指出，60 年代和 70 年代的神话之一，就是当代的年青人已经不再和他们的父兄同种同宗了。然而实际上，他们和他们的父兄没有什么不同，只是活在一个不同的世界里，一个令他们的父兄不太明白他们的信仰的世界。我们有多笃信我们自己的价值观念，他们就有多笃信他们自己的。

成年人的世界中许多领域里不断变化的价值观，可能并不会从本质上导致青春期少男少女的行为与过去相比有多大变化。也许，我们的价值观的改变对他们造成的最大影响，在于诸如性生活、酗酒、吸毒等这样一些更为敏感的领域。尽管有了妇女解放以及其他妇女权益方面的成就，年轻人对待婚姻和养育子女的心态，看来并没有太多本质上的改变。即使越来越多的女孩子打算进入过去一直由男性占领的诸如法律及医学之类的领域，对结婚生子的向往仍然是女孩子的主流。

我们的一位来自纽黑文的母亲，一位作家，给我们写了这样一封很有帮助的信：

> 你们的早期著作《年青人》，可以说是一本令人赞叹的杰作。不过其中有些章节所讨论的问题，因为受到文化变迁的巨大冲击，现在已经显得有些时过境迁了。我很难评估这个文化变迁对于当代青年生活的影响到底有多深远。
>
> 也许当前的实际情况是这样的：现在的年青人所受到的关于性、婚姻、男人和女人角色的思潮与观念的影响，已与以往大大不同。一部分青年（也许是少数）因此而出现的反应，也许是20年前所不可能有的。如果有，也应该是在较大龄的青年中。另一部分青年（或许是多数）虽然没有这些现象，但是我想，他们一定在自己的头脑之中与这些新观念进行着思想斗争。
>
> 我们也可以换一种说法。当代的年青人正通过

一些新的途径，去试探可承受的容许度、大胆妄为的限度以及成年人所能耐受的限度。从我们这一代人以及比我更年长的人的角度来看，这些新的尝试很危险，至少很棘手。

举例而言，我13岁的女儿就属于正在进行思想斗争的这一类人。到目前为止，除了偶尔的鲁莽之外，她尚未去试探这些领域。她的行为和你们描述的成长特性非常接近。面对那些我认为50年代的城市中根本不存在的新观念，她现在不得不去琢磨并弄懂它们，理清自己在其中的关系。她的同学有些使用兴奋剂，有些逃学，不少人更是又粗鲁又邋遢。我猜这些孩子大概还没有过性生活，不过以我对我朋友们的孩子的了解，这也就是一两年之内的事情；而如果是在50年代，哪怕有类似情况，至少也是三四年以后的事情了。

还有，一聊天就"谁谁是同性恋"，一说到同学就是"那个断袖癖"。我觉得对这种话题的热衷反映出了他们对此的焦虑，而给别人扣帽子是一种保护自己的方法吧！

我知道青少年向来抗拒权威。他们今天的做法和20年前相比，只有程度上的不同，没有性质上的不同。不过，程度上的不同仍然可能是很惊人的。成人往往在孩子们无可商量的软磨硬泡中溃不成军，只有最顽强的人才能够挺得住。

尽管确实存在这样的情况，尽管我们有些采访对象（或者他们的朋友）承认他们吸毒或者性交，不过据我们所知，这仍然只是部分青少年的轻度过失，远远算不上是实际犯罪行为。我们的家长都不认为他们有凌辱孩子的行为，也没有谁表示我们的采访对象有虐待父母的行为。而以我们对学校的观察，我们的采访对象也没有对任何老师或者同学造成身体的伤害。

在充满动荡的当今世界，有些读者可能会觉得，我们的采访对象以及他们的家庭，不论在学校、家庭还是大街上，其实都算是相当循规蹈矩的。我们写这本书的主要目的之一，是讲述孩子的成长。即使他们成长于稳固而安全的家庭背景之中，他们的成长也是错综复杂、困难重重的。

其实，许多家庭会受到各种不利因素的影响，比如贫困、失业、离婚、单亲、家中以及街上的犯罪和动荡等，还有孩子的极端叛逆。不过，我们更着重于讲述家家户户或多或少都会有的那种普遍的、亲子之间常见的紧张关系。

对于那些家里有很麻烦的少男少女的读者来说，比方说，孩子陷于吸毒、酗酒、性交、打架斗殴、离家出走、违反法律等行为之中，这样的父母一定会觉得我们讲述的少年行为特征不着边际。这种貌似不着边际的感觉主要出自两个原因。第一，尽管为了使研究对象更具代表性，我们增加了由 1000 多名少男少女组成的当代组，可是毕竟我们最初的采访对象都生活在一个整个社会都比今天给予孩子更多保护和支持的年代。第二，这些孩子大多来自相对稳定的家庭。

我们相信，这本书中所描述的孩子随着年龄成长而出现的行为变化，仍然符合当代年轻人的主流。当然，在某些问题很严重的情况下，我们这种对正常十多岁孩子行为的认知，也许对父母没有多大帮助。

针对那些家里有行为出轨得相当离谱的孩子的读者，我们推荐 3 本非常有帮助的好书。

第一本书，也是针对程度最严重的状况的书，叫作 *Toughlove*（中文译为《诤爱》），是美国"诤爱运动"创始人推荐给不羁少年家长的一套有效方案，作者是菲利丝·约克、大卫·约克和特德·瓦赫特尔。

这个"诤爱运动"有点类似"匿名酗酒者协会"，不同的是，联合起来组成互助小组的人们，是那些遇到困难的孩子的父母。这些互助小组认为，孩子出现的那些不可接受的行为，不应归咎于父母，而是受了当今文化的影响。该书的作者们提出了不少建议，帮助父母通过让孩子为自己的负面行为承担后果以及责任，来改变这种破坏性的文化模式。这套"诤爱"方案的核心，是让一个社区的家长组织起来并相互支持，学习如何引导孩子以正面的转变来摆脱危机的一种方式。

第二本书，适合遇到的问题不太严重的家长，叫作 *How to Deal with Your Acting-Up Teenager*（中文译为《如何对待你的刺儿头少年》），作者是罗伯特·贝亚德和吉恩·贝亚德。这两位作者建议家长们与其让行为不端的少年规规矩矩，倒不如问问自己，"我们能做些什么来帮助孩子，让他们在这样的情况下更有能力做出自己的决定、对自己的行为更负责任？"

他们教给家长一个方法：列一个清单，把孩子做过的所有让家长头疼的事情都写出来。然后逐一把这份清单中不会影响到你的未来生活的条目挑出来，再列一份清单。然后，把这些并不真正属于你而是属于你孩子的责任全都放下，交给孩子自己去负责。如此，孩子逐渐会如父母所愿，做出正确的决定来。

第三本书，也是一本很实用的书，叫作 *How to Survive with Your Teenager*（中文译为《如何帮助你的孩子渡过少年危机》），作者是乔尔·韦尔斯。这本书涉及的主题包括少年自杀、离家出走、吸毒与酗酒以及触犯法律等等。

我们坚持认为，尽管各个家庭的状况不同，但是《你的13—14岁孩子》这本书中将要讲述的孩子随着年龄的成长而不断改变的行为，符合他们的真实情况。我们希望，不论各个家庭的状况如何不同，我们对孩子的这种基于生理变化而出现的行为变化的理解，能够帮助读者与孩子建立起更美好的亲子关系。

即使是最健康、最稳定的青少年，也仍然需要实现与父母的分离而独立自主。一旦父母得到了足够多的青少年成长的常识而能够包容他们"正常的"叛逆行为，那么许多最具破坏性的叛逆行为就能够得到预先的防范和制止。而为父母提供这样的成长常识，正是本书的目的。

众里寻他千百度

每一个做了父母的人，都希望自己能够做一个对孩子的成长负责任的好爸爸或好妈妈，我也不例外。当儿子的生命还蠕动于我的体内时，我在感受着幸福的同时也下了坚定的决心——一定要做一个好妈妈！

孩子出生了，他躺在我的怀里，吸吮着从我体内流淌的乳汁，明亮清澈的大眼睛和我对视着，充满了对我的信任和爱，而此时，我却感到了一阵恐慌——我该如何去爱上天赐予我的这个宝贝？我懂得要给他吃母乳、要保护他的安全、要尽我所能地给予他最好的教育……但是，我不懂得在他的每一个成长阶段，会出现怎样的心理发展过程，这些心理发展会让他表现出怎样的行为，我又该如何去帮助他完成这些发展。比如，他现在才三个月大，他的精神需要是什么？我是否应该让他吃手指？在他六个月大的时候，他会出现怎样的行为？在他四岁的时候，如果他与小朋友打架，我该怎么来处理……我感觉做一个好妈妈有些力不从心！

随着孩子一天天长大，他真的开始吃手指头了；他到幼儿园的第一周就和小朋友打架了，脸上还被抓出了血痕；他开始追着我和先生的屁股不停地问问题，这个世界有太多他不明白的东西；他拿起剪刀把自己的头发剪成了朋克状；他在幼儿园为了不把大便解在裤子里而憋上一天，我们不明白他为何不去洗手间；他开始喜欢说"屁股""臭大便"，反复地说，我们越阻止他说得越开心；他开始邀请幼儿园的小朋友到家里来做客，而且没有经过我们的同意就带小朋友回家了；他开始对文字感兴趣，家里的任何一本书以及大街小巷的每一个门牌和挂着的标语，他都要求我们认真地读给他听。

因为不懂得孩子，所以我们犯下了很多错误。比如，当他的脸被小朋友抓出小小的血痕时，我告诉他："如果谁再靠近你，你就还击他！"谁知，当天老师给我们的反馈是："你的孩子怎么了？小朋友才靠近他，他就伸出手抓人家的脸，他以前不这样啊！"我立即意识到自己的教育方式是有问题的，但问题出在哪里，我却并不知道。

当我发现自己存在问题后，开始学习教育孩子的方法，并到书店里去买书看。然而，17 年前的书店里，教育孩子的书种类非常稀少，只有一些唐诗和宋词外加名人教子语录。这些书籍无法帮助我理解孩子的成长规律，也无法让我学习到正确的应对方式，于是，我只好在黑暗中摸索着孩子的成长规律。

一直到孩子 15 岁的时候，我才接触到了教育孩子的重点，才开始明白原来教育的本质是帮助孩子完成每个年龄阶段的生命发展任务，可是，我的孩子都已经 15 岁了啊！他成长过程中最重要的时期已经被我错过了。那种因为错过而心痛的感觉，让我在许多个夜晚不能成眠，我们和孩子都无法重新来过，我们再也回不到从前了！现在，孩子已经 20 岁，即将离开我们远赴英国上大学。好在从我明白错过的那一刻起，我没有再错过孩子的成长，这五年是我弥补自己缺失的五年，感谢上天给了我这五年的机会！

有了陪伴孩子成长的经历，有了对教育的研究和感悟，我觉得自己有责任为年轻的父母们做点什么，让他们不再重复我的错过。这些年来，我不断地接触、体验和思考新兴的教育理念和方法，寻找能够给父母们带来更多帮助的好书，但是一直没有这样的书入我的眼，直到玉冰把这个宝贝带到我的面前。这套书让我眼前一亮——这不正是我多年来苦苦寻找而不得的宝贝吗？！

这是一套研究 1—14 岁孩子发展规律的书，一群严谨的学者用了 40 年的时间来研究每一个年龄阶段孩子的发展规律，并为父母提出了具体的建议和应对方法。虽然我国也有很多教育研究机构，但是，我们缺乏对各个年龄阶段孩子科学严谨并能够持续 40 年之久的研究。这套书能够弥补我们的缺陷，可以说给我们的研究、给父母养育孩子都提供了非常大的帮助。

虽然东西方存在着文化上的差异，但是，在人类这个物种成长和发展的规律上，存在的差异不会太大。比如，无论是西方还是东方，孩子们大都需要妈妈怀胎十月才出生，一出生就能够吸吮，出牙的年龄大致都在 4—6 个月，都会在 1 岁左右走路，都能够解读成人的表情，都会在同一个年龄阶段出现相应的敏感期……无论是东方还是西方的父母，都希望在了解孩子发展规律的基础上来帮助孩子成长，都希望孩子具备善良、责任感和自律等优秀人格品质，都需要具备帮助孩子建构健康人格的能力。因此，这套书同样能够帮助到中国的父母们。

假如在我的孩子刚出生时，我就能够看到这样一套书，我会更有信心做一个好妈妈，因为我会了解孩子在当下的生命发展过程中会出现怎样的行为，我该给予孩子怎样的帮助，才能让他顺利地完成这个阶段的发展任务；同时，我还会预见孩子在未来每一个年龄阶段生命发展的方向，并提前做好相应的心理和物质准备。虽然对我来说，这一切都只能够成为一个"假如"了，但对于这套书的拥有者来说，这是真实可行的！

胡萍

2012 年 4 月 26 日于深圳

编者注：胡萍，中国儿童性教育的先驱。2001 年开始研究儿童性健康教育和儿童性心理发展。2004 年开始在全国 50 多个城市开展健康教育父母课程，并多次与中央电视台、新浪网等合作录制儿童性健康教育节目，其代表作有《善解童贞》《成长与性》《儿童性教育教师用书》等。

在这里寻找答案

"教育是一门科学，不能仅凭经验。"这是我回国后一直倡导的教育价值观。

2002 年，我从德国慕尼黑大学毕业后回到国内开始从事教育工作。在将近十年的工作中，我感到困扰最多的就是父母宁愿相信经验，也不求助于科学；父母宁愿把自己的孩子和周围的孩子相比，也不用科学的方式评价自己的孩子成长得是否合适。

印象最深的是，每次都有父母对孩子的正常现象感到非常焦虑。比如说"多动"。在他们眼中，如果一个四五岁的孩子无法专心做事 30 分钟就是多动症，就需要看病吃药，就会导致学业问题。比如父母们不明白为什么三四岁的孩子喜欢拿起东西就往地上扔，喜欢强调"我"。每次我都耐心地向他们解答每个年龄段不同的正常现象，持续多长时间是在正常范围之内，如此种种才能减轻他们的担心。

只有当父母知道什么是"正常"，才能真正理解孩子的行为，也才能给予正确的引导。

所以，我特别希望有一套介绍个体发展基本规律的书，可以帮助父母认识到孩子个体发展的规律，帮助他们判断孩子的"正常"行为和理解孩子行为背后的原因。

相比较个人发展和心理认知专业书籍的晦涩，《你的N岁孩子》系列更加生动，语言也更容易理解。在这套书中，读者会看到一群同年龄的孩子，他们的生活跃然纸上，在这里，你一定会找到自己家里的那个宝贝，也更能走进他们的内心。

兰海

编者注：兰海，上濒教育机构创始人，毕业于德国慕尼黑大学教育心理学专业。研究方向：创造力发展、青少年成长、教育规划、亲子关系。兰海先后在慕尼黑大学获得心理学、教育学和社会学三个学位，在九年的教育实践工作中，对国际、国内的教育状况有异常深入的了解和研究。目前，兰海是中央电视台少儿频道《成长在线》栏目特邀专家；《父母世界》杂志特邀专家。著有《嘿，我知道你》《孩子需要什么》。2009 年，中国教育报专题人物报道：《教育是科学，不能仅凭经验》；2011 年 4 月，CCTV10《人物》栏目专访：《带孩子寻找快乐的老师——兰海》。

在帮助孩子的同时懂得孩子

我要郑重地向所有家长推荐这本书，因为这是迄今为止我看到的对家长育儿最有帮助的书；我也要郑重地向所有老师推荐这本书，因为有了这本书，忙碌的老师们就再也不用为发展心理学中那些生涩的字词而头痛了。

家长和老师不想成为理论研究者，他们只想在帮助孩子的同时懂得孩子——他们只想知道一个两岁的孩子眼皮都不抬地乱扔东西是否正常；他们只想知道当孩子乱扔东西时，他们该怎样帮助孩子。

当有一本书说"孩子的感知运动时期的第八循环第一阶段，其生物功能如何被环境改变，这一改变来自怎样的图示过程"时，家长和老师们真的就被吓住了，他们会带着可怜的、自信心受到打击的神情对你说："我学不会，我看不懂，我做不到。"

假设你是那个作者，当一个老师或一个家长这样对你说时，你会绝望吗？你会觉得他们不适合做父母和老师吗？这时，请你看看这本书，看看它是用怎样的关怀向想要了解孩子的人讲述孩子，又是用怎样朴实贴切的招数在帮助它的读者。看完之后，你会知道，这本书是有鲜活灵魂的，当你面对它时，你会自然轻松地用心灵与它沟通。

我要说，朋友们，请打开这本书吧！不管你是妈妈还是爸爸，不管你是老师还是教育家，请打开这本书吧！

李跃儿

编者注：李跃儿，中国著名儿童教育专家，中国芭学园创始人，曾为《父母》杂志教育答疑专家、央视少儿频道签约专家。畅销书《谁拿走了孩子的幸福》系列的作者。2004 年荣获第三届中国国际家庭教育论坛"华表奖"和"形象大使"称号。2006 年荣获"2006 年中国幼儿教育百优十杰"（第一名）称号。2009 年荣获"2009 中国民办幼儿教育十大杰出人物"称号。2012 年荣获"教育木兰奖"。

译者序

因为懂得，所以从容

经过大半年辛苦的"爬格子"，我终于把这套《你的N岁孩子》一本一本地翻译了出来。而专门为青少年写的《你的10—12岁孩子》以及《你的13—14岁孩子》，也终于可以和广大读者见面了。实际上，后一本书可以算作《你的13—16岁孩子》的合订本；因为作者在最后专门用了一个章节对15岁、16岁的孩子做了一个简短的讲述。

我国目前出版的有关亲子关系、儿童行为认知学的书，很少是专门针对青少年写的。可是，中国现在有那么多青少年，今天的儿童、少年，明天也都会成长为青少年。更何况，青少年是人尽皆知、令多少父母"谈虎色变"的"叛逆"！因此，不消说，我们有多少父母和老师渴望能够对青少年的心理和行为有一定的认识和了解，渴望能够懂得该以怎样的尺度、分寸和家里及课堂里的青少年时期的孩子相处。

《你的10—12岁孩子》以及《你的13—14岁孩子》，这两本书就是我想推荐给中国青少年的父母的至为珍贵的"迷途指南"。之所以说这两本书"至为珍贵"，不但因为它们是专门针对家里有10—16岁青少年的父母的"指南书"，也不但因为它们很有针对性地讲解了青少年在各个年龄段都会出现哪些心理和行为，尤其是在父母看来很"可恶"的行为，而且更是因为这两本书的成书背景。

这是由耶鲁大学著名教授格塞尔博士领导下的"格塞尔人类发展研究所"，集一群资深博士、专家的精力，将针对数百个家庭青少年多年的详细跟踪数据、针对上千名全美各地青少年的问卷统计数据，经过科学的分析、提炼、总结而凝聚出来的心血结晶。也就是说，这套书不是以某一位妈妈或者专家的个人经历或者经验为依据写出来的。它以任何一位妈妈或者儿童心理学家都不可能企及的充足的数据、翔实的研究、精密的分析、高度的概括凝结而成。本书不但很有深度，而且很有广度。

我们的这套《你的N岁孩子》系列育儿宝典，不但是当前美国父母的养育依据，而且还是当代美国学校老师了解和对待不同年级孩子的心理、行为的依据。每年一到开学，当孩子升到不同的年级时，我都能收到学校发给家长的一份文件，告诉我们孩子在今年会有哪些特点，父母应该特别注意哪些事项。我也通过在学校频繁做义工的机会，深刻体会到学校老师对待不同年级的孩子真是不一样，不但对孩子的约束要求不一样，而且对孩子的约束方式也不一样，十分合理而人性化。从这个角度来说，这套书不但适合父母朋友们学习和阅读，同样也适合老师们学习和阅读。

别看这套书是几十年前的"老古董"（《你的10—12岁孩子》以及《你的13—14岁孩子》这两本书的英文原著出版于1989年），它们到今天仍然被美国学校奉为宝典。因为这套书的主题是孩子发育与成长的客观规律，而客观规律是不会"过时"的。当然，有些外在环境的影响确实有了一些改变，比方说那时候还没有iPad，现在估计很多孩子都陷于这种现代电子产品中，而给家长带来了新的烦恼。不过，只要我们能够智慧而灵活地运用这套书中的基本观念，就可以自己动脑筋想出办法来，让我们和孩子走出困境。

需要说明的是，在我们阅读这套书的过程中，我们要注意到中国和美国在地域、文化上的差异。比如说，对美国青少年来说，当医生和当牙医是不同的理想；可是在中国，当"医生"自然包括当"牙医"。又比如说，这两本书中的很多女孩子非常喜欢马，非常喜欢当"兽医"，这其实哪怕在美国也是有局限性的，因为耶鲁大学地处美国东北部的"农业地区"，家家户户的女孩子都从小跟马以及狗一起长大，因此自然喜欢马，喜欢当马医生、狗医生，也就是兽医。别说换到中国，哪怕换到距离耶鲁大学不远的纽约这种大都市，孩子们的理想也一定是另一番景象。

再比如说，饮食文化的不同也很明显。中国家庭在日常烹调中很少用奶酪、奶油，因此本书中提及美国青少年讨厌"用奶酪、奶油做的菜"，在中国家庭则完全没有这回事。美国孩子常常讨厌"做熟的蔬菜"而喜欢"生吃"各种蔬菜，比如胡萝卜、芹菜等；可是，中国的妈妈和奶奶们做出来的"熟的蔬菜"，我猜想放到美国孩子面前，他们一定个个口水长流、"大快朵颐"：因为东西方对蔬菜的烹调方式非常不一样。

对于这类"奇怪"而有趣的不同之处，我们不妨淡淡地一笑了之，不必因此而认为这套书就不值得我们读。

这套书里有很多针对青少年心理与行为的分析，以及针对家长老师的劝慰和忠告，很值得我们仔细琢磨、认真思考。

尤其是这两本书中讲述的 10 岁到 16 岁的孩子，刚好处于青春叛逆期，父母如果对孩子不够了解、不够理解，家庭硝烟在所难免。这不但使得孩子的成长之途更加充满坎坷和挫折，也同样会令面对"叛逆""不懂事"的孩子的父母，更加精疲力竭、心力交瘁。可是，反过来，如果我们的父母和老师能够对青春期孩子的行为、心理了解得更多、明白得更多，我们就更知道该怎样帮助孩子成长、怎样与不同年龄段的孩子相处。其收获就是孩子的成长之途肯定会更加畅快，家长与老师的烦恼、痛苦、焦虑、无助等负面感受更将大大减少。这才是"皆大欢喜"的结果，这才是"双赢"的局面。

另外，这两本书用了大量的篇幅和数据详细介绍 10 岁到 16 岁的孩子"谈朋友"、吸烟、喝酒、使用毒品的情况。虽然以中国的现状来说，这些问题似乎还不是"青少年日常行为"的主题，但是，一方面美国学者这种严谨负责的科学精神值得我们敬佩，另一方面也为我们敲响了警钟：我们该怎样给成长中的青少年创造一个更加健康的社会、家庭环境，让我们的孩子能够远离"早恋"、烟酒乃至毒品的危害。此所谓"他山之石，可以攻玉"，我们正好可以借鉴别人的经验来未雨绸缪。

这些年来，随着孩子渐渐长大，我总会不断遇到新的问题、新的苦恼，也总是能够不断地从这套书中获取知识、汲取力量，调整我的心态，调整我看待孩子"坏"行为的视角，也调整我和孩子相处的进退尺度和协调方法。这套书已经多次成功地帮助我走出了亲子关系低迷的僵局，解决了我心中的困惑、焦虑、烦躁、失落。我的两个孩子，不但在家庭的小环境里，而且在幼儿园和学校的大环境里，沐浴在这套书的福泽之中，成长得健康、活泼、快乐、聪明。

正因如此，我对这套书情有独钟。两年前我下定决心，一定要想办法把这套宝贵的好书介绍到中国来，造福中国的孩子和父母。感谢紫图图书有限公司对我的信任，我终于如愿以偿，能够亲手把这套书翻译给祖国的家长和老师朋友们。

我替你的孩子感谢你，因为你愿意研读这套书，愿意接纳这套书将带给你的新知识、新观念、新视角。我在此真诚地祝福你，祝福你的孩子，祝福你全家。你们一定会从此更加相亲相爱，更加幸福和美。

玉冰

美国洛杉矶

2012 年 8 月 16 日

编者注：玉冰，美籍华人，畅销书《正面管教》的译者。她十分重视儿童教育的发展，也十分重视亲子关系对孩子成长的巨大影响。此外，她还译有《与神对话——献给青少年》等作品。

1
Chapter

我们对青少年的研究

　　这本书的基本主题是成长，包括身体的成长、心智的成长和个性的成长。这本书本身也是一个沿着当初的研究之路而成长起来的作品。六十多年来，本书的作者们针对儿童的常规成长进行了系统性的长期跟踪与观察。在此期间，我们一直观察着孩子行为模式的成长进程，甚至包括在出生以前就显现出来的模式，以及贯穿整个婴儿期、童年期和青春期的纷繁变化。本章主要介绍青少年的成长过程。

1. 从宏观上把握孩子的成长脉络

　　这部著作把我们针对随着年龄增长而发生的行为变化的研究，带入了前青春期和青春期的年龄。我们一直格外关注在当代美国的文化氛围下，年龄对孩子的系统行为所造成的影响。

　　我们发现，尽管孩子行为的成长是渐进式的，不过哪怕到了青少年时期，孩子年复一年的成熟所带来的成长的特征和趋势，仍然和生命最初的10年十分相像。10岁是孩子们成长螺旋进程中的一个转折点，11岁左右他们开始出现青春期行为。青春期少年的成长从10岁到20多岁仍然呈现螺旋式的推进，随着年龄增长而发生的行为变化也跟童年时期一样明显：行为相对和顺的年龄段与相对不和顺的年龄段交替出现，表现较为外向的年龄段与较为内向的年龄段交替出现。

孩子成长的机制、模式和规律，在13—14岁期间是怎么体现出来的呢？对这一问题的回答，成为我们这次探索的目标。

❖ 采访背景与对象

我们一直和一大群孩子保持着联络，这群孩子的成长我们已经跟踪到了10岁。于是，这一幸运的组合环境使得我们能够继续我们的研究。这些孩子以及他们的兄弟姐妹和同龄朋友，构成了这次青少年研究的原有核心小组，即115个采访对象。在他们的整个青春期期间，我们反复约见访谈。在此基础上，每一岁的年龄组我们又增加了50个孩子。10个不同年龄组一共有545个孩子接受了我们的访谈。

这些孩子的家庭，除了极少数之外，全部来自康涅狄格州的纽黑文及其郊区。有些家庭在搬家之后，仍然按照我们的研究要求，定期回来花半天的时间和我们见面。在研究期间，针对我们的研究方法与目的，所有家庭都积极参与并配合。

另外，1977—1978年我们又增设了一组由1000多名研究对象组成的补充小组，这些年青人每个人都回答了我们的问卷，问卷中的问题涵盖了包括性在内的社交行为（参见附录一）。这一组研究对象来自全美国自东海岸到西海岸的不同社区。

在智力方面，根据韦克斯勒－贝尔维尤测试成绩的结果，我们的原有核心小组成员的智商均略高于平均水平。10、11、14岁的智商成绩达到117，而12、13、15、16岁的智商成绩达到118。他们所属家庭的社会经济地位也都处于良好的状况。我们的研究方法本身就使得我们趋向于选择社会地位相对稳定的家庭，因为我们需要年复一年地反复约见。大部分家长的职业属于专业性、半专业性、管理性、技能性的领域。孩子的学习成绩，在比较富裕的学区的学校里，属于良好到优秀的水平。而1977—1978年补充小组的成员则有所不同，其家庭的社会经济地位从福利救济家庭到富裕家庭都有。

因此，我们所研究的对象都是正常的孩子。在了解孩子的个性和生长特性方面，我们也得到了家长的热忱协助。我们对原有研究对象的每一次采访，都包括对孩子的一次详尽的行为及性格测试，一次和父母的详谈，一次和孩子的详谈。（详情请见附录一）家长都热衷于观察孩子的成长状况测试（通过单面镜），随后的父母详谈他们也都热情配合。与孩子的详谈，由一名研究人员和一名孩子私下单独进行。每一次完整的访谈过程都需要大概半天时间。

读者毫无疑问会注意到，在大多数情况下，我们这本书里的每个男孩或女孩几乎全都和爸爸妈妈生活在一起。针对我们的原有核心小组成员，我们的研究最细致，我们对孩子的了解最透彻，他们实际上也就是属于这样的稳定家庭。

至于我们对第二研究组（1977—1978年新增小组）成员的了解，则仅仅来自他们对问卷的应答。我们没有约见他们的父母，而且大多数情况下，我们也不了解这些孩子是否生活在一个完整的双亲家庭中，抑或是一个再婚家庭或单亲家庭中。

由此可以看出，我们并不打算通过这本书来针对一些出现于再婚家庭、单亲家庭的特殊问题提供特别资料。针对这类特别情况，我们在前面的作者序中提到的几本书可供参考。我们这本书的主要目的在于研究青少年本身，以及他们在一年又一年的成长过程中所发生的变化，而并非他们成长于某种特别的家庭中的情况。

❖ 采访详谈

和研究对象的采访详谈，以及和他们父母的详谈，是我们研究项目的一个有机组成部分。这种访谈均是一对一单独进行。开场的几个提问都保持在最低限度，随后即进入非正式的、随意而轻松的交谈。谈话中的问题并没有严格标准，但是这些问题包括本书涉及的8个基本成长范畴:（1）人体机能体系;（2）自我照料和日常作息;（3）情绪;（4）自我意识;

（5）人际关系；（6）活动与兴趣爱好；（7）学校生活；（8）道德意识。

采访研究对象

一见面，我们就让采访对象放松心态，谈话中的问题不是考试题。我们并不在意他的答案是正确还是错误，而只是对他的想法和感受感兴趣。如果一个问题他不想回答，那就不必回答，他也可以加入任何他想要聊的话题。我们拟定的问题都简单而直接。比如说，当我们在谈论情绪的时候，我们会问这样的问题："生气的时候，你怎么办？""你哭过吗？为什么要哭？""怎么看待竞争？"诸如此类。智力方面的探讨也是这样直截了当。孩子们也会把他对时间、空间、战争、道德等问题的看法告诉我们。等孩子年龄稍长，谈话过程中有可能宾主倒置，他反而会问研究员有些什么看法。总的来说，整个面谈过程孩子都会表现得兴趣盎然。看到他们的想法居然如此重要、都被记录了下来，孩子往往显得有些得意。

有些人也许会质疑，这些青少年很清楚我们的兴趣所在，这会不会反而扭曲了孩子的应答？他们是否对我们说了实话？对此，我们相信，我们的采访对象在详谈中的应答是他们体验到的真实感受，每个回应都符合他们内心深处作为一个人的自我形象。

采访家长

这一项采访是每次年度会晤的重要内容。我们采用一种双向问答的形式，以促使家长们更愿意主动提问，主动说出自己的看法。在父母亲眼看过孩子的行为经过标准化成长测试之后，界定孩子的个性以及成长状况，这是对家长和研究人员双方都有裨益的事情。

我们鼓励父母提出他们自己的观察、生动的轶事、担忧的问题，以及过去一年中任何他们觉得值得一提的事情。我们觉得，通过这种非正式的交谈，双方既能看到家庭问题中的幽默性，也能看到问题的严肃性。

❖ 数据分析

通过讲解我们对青少年研究的这些基本思路，读者可以清楚地看到，我们为收集数据铺撒了一张大网。针对我们原有研究对象的那些记录，篇幅相当宏大。而针对从他们一出生我们就开始跟踪其成长发育的那些孩子，每一个孩子的记录文献简直就是个人传记的一部分。至于20世纪70年代末应答我们问卷的那1000多名少男少女，我们能够分析的数据仅限于他们的问卷。

我们的任务就是从这些庞大的杂乱数据中梳理出有意义

的规律来。我们的研究方式包括测定孩子一系列的成长梯度及其成熟状况。

我们从两个整合角度来整理我们的研究结果：

（1）成熟状况：划分出几个年龄段，描述13—14岁青少年的成长特点。

（2）成熟特征：各个年龄段在8个主要方面的行为模式及特征。

其主导核心就是成长，按照一定模式循序渐进地成长。面对一个尚未成熟的青少年，一旦我们站在成长的角度上来看待他，我们就能够对他的不够成熟以及相对成熟，有更为透彻的了解。

不过，成长是微妙而不易捉摸的，成长需要时间。如果不随着时间的推移而透视全景的话，我们很难留意到孩子的成长。

备注：上面提到的成熟状况和成熟特征，不应该生搬硬套地理解为各阶段的年龄规范或标准模式。它只是指出了某些特定的行为，可取的也好不可取的也好，在当代社会文化背景之下，可能更趋向于出现在某些特定的年龄阶段。每个孩子都有他自己独特的成长模式，这些成熟状况、成熟特征的描述，只是针对他们各项机能的不同成熟阶段的一种参考。"年龄"在这里，也只是一个参考范围，并非指精准的时段。

2. 成长是核心

长久以来，我们一直相信，人类行为上的成长和生理上的成长一样是有规律可循的。实际上从广义来看，人类行为是生命结构的一种机能。我们平常的一举一动是由我们的身体结构所造成的。诚然，不论年龄多大，每个人的身体构造都会有很多稳定不变的特性；但是，一个成长中的孩子，他的实际年龄却在很大程度上决定了他可能会有哪些行为表现。

这就是儿童成长的首要规律。不过，一方面我们可以预计孩子的行为将出现某种变化；另一方面我们还必须牢记第二规律，行为上的成熟有可能出现停滞，而且不见得只会沿着一个方向发展。

更确切地说，随着一个孩子逐渐长大，相对和顺的年龄段与相对不和顺的年龄段会交替出现；行为表现趋于外向的年龄段与趋于内向的年龄段也会交替出现。这种渐进方向上的交替转换，越年幼的孩子越明显。不过即使到了我们这里讨论的 13—14 岁的年龄段，这种现象仍然十分明显。

这里我们用非常简洁的语言告诉读者，针对这几年孩子不断成长、各种状况纷至沓来的状况，该怎么应对。

我们发现，10 岁是一个相对和顺的年龄段，不但孩子本身是一个调和而顺畅的人，他与周围其他人的相处也调和而顺畅。

11 岁则几乎完全相反，是不调和、不顺畅的反叛时期。10 岁时的怡然自得没有了，11 岁的孩子变得有些颓废，跟老朋友也不大往来了，而且会像个小孩子一样去探测"权威们"允许或者不允许的底线。

而典型的 12 岁孩子，他的人际关系会缓和很多，心态更为正面，对生活更充满了热情。与浑身像刺猬一样的 11 岁孩子相反，哪怕成年人做得不够好甚至是错了，12 岁的孩子也能表现出相当的宽容。而且，12 岁孩子明显露出对新鲜事物的热情。

到了 13 岁，又反过来，孩子倾向于变得很内向而且退缩。他不但总是远离他人独自向隅，而且总是显得过于局促不安、过于多虑且情绪波动。13 岁和 11 岁一样不愿意与人合作，不过 11 岁更多的是故意反抗成年人，而 13 岁则是退到一边谁都不睬。

不难预料，下一年龄段的变化又将转为外向。14 岁简直就是漫天飞扬，不但人到处飞，而且热情到处飞。他喜欢新的和不同的：新的活动、新的朋友以及任何新鲜事物，精力

表一

行为模式变换周期						
	和顺	反叛	和顺	内向	外向	内向	和顺
年龄段	2 岁	2 岁半	3 岁	3 岁半	4 岁	4 岁半	5 岁
	5 岁	5 岁半到 6 岁	6 岁半	7 岁	8 岁	9 岁	10 岁
	10 岁	11 岁	12 岁	13 岁	14 岁	15 岁	16 岁

似乎总也用不完。父母的确时常让他皱眉头，不过除此以外，几乎任何人任何事他都会欢迎。

青少年的行为会随着年龄增长而出现种种非常明显的变化，这一观念让有些人觉得不太能接受。就连我们自己，要接受我们耳闻目睹的事实，相信真的是这么回事儿，也并非那么容易。这似乎太不可思议了。

不过当我们想到，我们现在看到的现象以前也曾看到过，事情就变得容易接受多了。这种第一年变得内向，第二年又变得外向的交替行为变化，我们以前就在孩子的成长过程中观察到了两次：从 5 岁到 10 岁之间我们看到过，在 5 岁之前，也看到过。（新生婴儿也表现出这种交替变化，只不过我们不容易看出来而已。）

这种行为变化上的耐人寻味的、非常模式化的序列性重复，在孩子从 2 岁到 16 岁的这段时间内，一共出现了三次。（见表一）

我们的描述也许让人觉得行为变化是一成不变的、可以预料的。不过实际上并不尽然。我们所描述的是成长阶段的序列，而且我们相信这种成长序列是所有成长中的人类所共通的。在后面各章节中，我们将会对此详细讲解。但是要知道，并非所有男孩女孩都会丝毫不差地沿着这条常规轨迹成长。另外，我们讲述的是年度性的成长变化，不过，并非每一个 10 岁孩子的行为在整个一年当中都和我们讲解的 10 岁特征一模一样。而且，一个 10 岁孩子也不会在 10 岁生日的那一天，由一个内向而复杂的 9 岁少年一下子变成一个安静而和顺的 10 岁少年。

事实上，一个孩子也许在整个 10 岁之中，从来都没有达到过我们描述的常规 10 岁孩子所应有的最为和顺的程度。有些孩子可能天生就更偏向于"不和顺"一些；可也有些孩子似乎从来不会太不和顺。还有，行为变化的时间性，也和行为变化的量一样，每个孩子都各有不同。有些孩子好像总跑在生命的前面，行为上的变化比常规要稍微早一些；可也有些孩子又好像总是成熟得慢一点点，行为上总是要显得"小"一些，所有这些都很正常。

但是，成长中的男孩女孩，总体上或多或少都会沿着我们描述的这条轨迹成长。我们希望，一旦对成长规律有了一般性的了解，对孩子的行为变化有了一定的预料，那么这将有助于父母以及老师和我们的青少年这难以捉摸而又让人着迷的生命体更好地相处。

要想透彻地了解一个孩子，男孩也好女孩也好，我们需要了解至少三个方面的情况：这孩子的基本个性特征；这孩子在这个年龄段上应该会是怎样；这孩子怎样看待他的周围环境。这三个方面始终相互影响。

这本书会简略地谈论一下个体特征的不同之处，不过其主题毕竟在于谈论随着年龄变化而出现的典型行为变化，而且是在美国的文化背景之下。我们不在此探讨在其他文化背景下的孩子。不过，我们仍然希望通过总体上了解不同年龄的孩子会有哪些特定的行为，能够帮助你在养育孩子的过程中做得更好。

3. 个性特征是孩子成长过程中的独特演绎

　　每个人都是一个独立的个体。我们的身体要求与众不同的自然倾向，形成了令少年每每深感孤寂的根源，因为这使得他发现自己是那么异于他人。而生活中的大小事宜，却又往往与他人有某种类似的秩序与节奏，这就对人与人之间的隔离起到了令人慰藉的平衡作用。成长中的少男少女各自沿着自己的成长道路一级一级走向成熟，没有谁会对我们这本书中的描述亦步亦趋。有些会走在我们所描述的模式的前头，有些则落在后面；有些表现得偏于内向，有些更偏于外向；有些在两个极端之间剧烈摇摆，有些则似乎只是在杠杆中心附近轻轻晃动。

　　哪怕在同一个家庭里面，你也能看到不同的个体。哈佛大学的 T. 贝里·布雷泽尔顿博士曾做过一个非常深入的观察，他指出，不但每个个体之间存在着不同，母子模式也存在着不同。同样都是自己的孩子，一个妈妈往往与这个孩子非常和谐，与那个孩子却很不融洽。在一个孩子艰难跋涉地走过他的青春岁月期间，除了这种母子关系之外，还有很多其他因素会对孩子的行为成长带来影响。

事实上，母子关系这一领域，是我们最能看出个体不同的领域之一。有些年青人哪怕都长到16岁了，也一直是一个在家中不可或缺的、充满爱心的、懂得尊重他人的家庭成员。可也有不少孩子刚进入青春期就为挣脱亲人而急切地跨越出一大步，从而使得很多家庭生活充满了荆棘。

我们无法精准地预料一切。我们只能提供一个大致轮廓，告诉你大多数孩子走过10—16岁这决定命运的数年间，可能出现哪些成长阶段。这只是一个基本的平面图，我们做不到分毫不差地告诉你，在这几年间你的儿女将会有怎样的生活。

我们将用下列6个小标题来简略讲解一下个体的多样性：

（1）性别差异；

（2）体形与气质；

（3）智力；

（4）成长风格；

（5）与社会的相容性；

（6）与时代的相容性。

❖ 性别差异

把整个人类分为两大类别的最为深远而根本的因素，就是性别。不错，人类的许多行为差异往往和男女性别有很大关系，这至少也是文化产物的延伸。而所谓的文化包括传统和人类的期待，以及来自父母、同伴乃至社会的微妙压力。

但是，性别差异的萌发及持续都表明，许多差异特性是本能的，无论社会文化如何鼓励或者限制，都不见得能起到多大作用。如何表达性别特征须由社会礼节来规范，但这种特征差异本身却深埋在了人的肌体里面。

举一个例子，女孩的身体发育和行为发育往往比男孩早一些。在20世纪40年代的一次行为规范修订之时，我们曾经就两种性别做了59个方面的对比，其中有7项由男孩领先，50项由女孩领先，另外2项男女持平。

后来我们出了一本《年青人》，专门讲解这些对比结果。根据我们的亲身体验，这些比较结果哪怕到了今天，也都是符合现实的。我们看到，女孩总的来说对人、对社会关系更感兴趣些；男孩则对客观事实、机械、科学、工程、运动更感兴趣。女孩更喜欢室内活动和娱乐；男孩更喜欢室外活动。这种差别在他们看杂志的时候尤其令人一目了然，男孩倾向于选择运动版、科技版，女孩则选择时尚版、爱情版。女孩的情窦也比男孩开得要早些。在我们的研究小组里，和男孩相比，女孩显然更早而且更清晰地有了明辨是非的观念；而且女孩也更擅长审时度势，善于应对来自生活上、行为举止上的影响。

人们有时可能过度强调性别差异，但两性之间的界限其实并非十分清晰。每一个人身上都会既有一定程度的所谓的男性特征，也有所谓的女性特征。包括体内的化学元素是如此，人的行为举止也是如此。不过总的来说，男孩和女孩都会在很大程度上符合成长中的各个阶段特点。只是，女孩通常在许多方面都会比男孩稍微早熟一些，尤其是在身体方面以及社交能力方面。因此，如果我们能把这本书中的成长梯度稍微变通一下，对女孩的预期稍微提前一点儿，对男孩的预期稍微推后一点儿，则会有助于我们更恰当地划分孩子成长的年龄段。

❖ 体形与气质

W. H. 谢尔登曾经从体格与性格这两个角度，研究过成年人在个体上的不同与偏差。根据他的理论，人可以按体形分成三大类：圆形人（肉乎乎的身体，短短的脖子，手脚都偏小一些）；方形人（结实的身体，隆起的肌肉）；长形人（瘦长的身体，纤细的骨骼）。很少有人单独属于哪一类。一个人的体质特征，往往会混有其他几种基本体质。气质标志着一个人心智上的特性，综合各种因素就更千变万化了。不过大体上说，最典型的圆形人，往往有一副不错的肠胃。他们天生善良，比较放松，也容易交往。典型的方形人，活泼好动，精力充沛，刚毅决断，进取心强，嗓门儿也大。纤弱的长形人，克制，拘束，紧张。他们比较敏感，不太喜欢喧闹也不太喜欢伙伴，而更喜欢独处。

尽管每一个人都是各种复杂因素的混合体，但是"典型"的圆形人、方形人、长形人还是会倾向于表现出不同的成长平面图，我们可以借此分析了解孩子在少儿阶段以及青春期的成长情况。比如说，在情感方面，圆形孩子在各个年龄段都显然更容易表露他们的感受。哪怕是在最"退缩"的年龄段，他们也不太舍得"退缩"多少，因为别人对他们实在太重要了。方形孩子呢，哪怕是在不太富于竞争性的年龄段，也只是相对而言不太富于竞争性而已，而且是与他自己在别的年龄段相比较而言。长形孩子则一碰到困难就赶紧退缩，忍受更多的痛苦以掩饰自己。他可能显得更警觉些，反应更快些，但是在很多方面，他往往会显得不够成熟。我们的观察表明，如果把对体形与气质的分析也考虑进来的话，这对了解孩子成长的成熟度具有一定的补充意义。

❖ 智力

人类智力的千差万别，一直是心理学家、教育家和父母很感兴趣的一个领域。尽管有人反对所谓的智力测验，但是毋庸

置疑，无论对男孩还是女孩来说，智力都是人生成功之路上一
个非常重要的指标。

也许，人们花在研究智力上的精力比所有其他研究的总
和还要多，这种研究至今仍在继续。如今，人们不光关注总
体上的智力研究，更开始关注具体方面的智力研究，比如语
言、数字、空间、形状等许多特定方面的智力。

实际上，智力发育有时候已经被看作一个人的成长本身
了，而"智力年龄"成了主要指标。但是，一个正常的 10 岁
孩子，哪怕他的"智力年龄"已经到了 14 岁，他也仍然不见
得会有 14 岁孩子的举止，他其实更像一个聪明的 10 岁孩子。

在常规范围内，智力和成长的速度并无多大关系，而是
和成长的饱满度关系更密切一些。一个出色的孩子，不论在
任何年龄段，他的成长特征都会显得更加鲜明。

❖ 成长风格

纵观一个人的整个成长道路，我们不难看到每一个人的
成长都有独特的风格。有些人的成长相对平稳，一步一步地
逐渐推进；有些人则是阵发性成长，往往是很长一段时间都
没有什么变化之后，忽然一下子就有了新的行为飞跃。还有
些孩子在不同的成长阶段，其行为特征从一个极端到另一个
极端来回大幅度摇摆；另一些孩子则在他们的成长之路上，

略微来回偏向于各阶段的典型行为而已。这种成长模式的不同风格，会从一个人的婴儿期开始贯穿其整个人生。

当我们通过一个相当长的时间段来观察人的成长过程时，我们会看到一个新的指标。大多数人的成长总体上来说是持续不变的，不论他达到某个成长高度的时间显得偏早还是偏晚，都会或多或少地表现出一定的连贯性。但是有些人则表现出不同的成长风格。一种模式是开始时发育得偏快，但到了后来却最终达不到目标。这有些类似于他在早期发育阶段没能清除某个关键障碍，之后他的成长虽然继续在许多方面推进，但因为整个体系缺了这一块儿，他的成长从此成了一个瘸子。还有一种变化体现为发育不成熟。发育缓慢有时候是一种广义的功能障碍，使得一个人的成长最终无法完全达到成年人的水平。不过有时候这是一种良性不成熟，在后来的各个成长阶段中，他的成长可能会加速，也可能会延长，最终他的成长可以逐渐达到甚至超过平均水平。至于一个"超级不成熟"的孩子，即使他的智力水平属于中等范围，但整体机能上低于成长尺度，显得格外幼小，这会给这孩子的教育带来特殊的问题及挑战。

❖ 与社会的相容性

还有一个尺度会对任何一个成长中的孩子都起作用，那就是他能否接受社会对他的要求而与社会相容。对一些格外焦虑的父母而言，这本书中对孩子行为的描述简直就是一堆废话。实际上也是如此，参与我们研究的原有核心小组成员，也就是我们的研究基础，本来就出自非常稳定的家庭，是一群少有的稳定的孩子。而且，这些孩子已经是很多年以前的孩子了。至于我们后来增加的一千多人的补充组的采访对象，他们都是些自愿参与者，你不妨大胆推测，那些不稳定的孩子，甚至更极端地说，那些反社会的孩子，恐怕不会来当这个自愿参与者吧！

姑且不论我们的研究对象的稳定性，很显然，和成年人一样，在年青人当中，从与社会的相容性非常高的人，到极端反社会的人，什么样的人都有。人与人的相容性也一样，从正常人到精神病患者，从外向到内向，到退缩，到抑郁症患者，甚至到自杀的人，都有。在家里，这类孩子有些表现出日常生活中正常的反叛，有些则为家人所不容，而且他们往往也不容自己的家人。

❖ 与时代的相容性

尽管这本书探讨的主题是孩子一年又一年的行为变化，但是，任何一个人在任何一个年龄段上，其行为至少在某种程度上会反映出文化背景的力量。显而易见，与我们当初做研究时的少男少女相比，当今的年青人很明显生活在一个不太一样的世界里。

在《一所好的高中》这本书中，萨拉·劳伦斯是这样描写高中阶段的文化背景变化的：

> 60年代，曾经有过一段规规矩矩的日子。那时候，"体育活动是重要的，学生会是庞大的……担任舞会王后以及啦啦队长都是重要角色"。但是随后学生们突然失去了对各种学校传统活动的兴趣。他们进入了被许多老师贬斥的"嬉皮士年代"，反叛学校各种保守风格的课程和安排。橄榄球赛和啦啦队活动消失了，也没有人愿意参加学生会了，学生个个都刻意打扮得非常邋遢。有些教师至今还记得在那段日子里，到处是学生对老师的"威胁与恫吓"，对学生的管束已经完全瘫痪。"你都没胆量叫学生把扔在地上的橙子皮捡起来……你害怕他们的反击。"
>
> 到了嘈杂喧闹的70年代，学生们扔下数学和科学课，要求增设些反传统的课程。"带有性别偏差的课程，给老师的压力大得一塌糊涂……女孩子要去学自动机械，男孩子要去学幼儿教育"，甚至有少数几个大胆的男孩子去上家政课，而这堂课向来只是女孩子的"专利"。

到了现在（20世纪70年代后期），事情又回到了原来的样子，学生重新开始做些中规中矩的选择。久违了的一大群女子啦啦队重又再现，竞争同往常一样激烈。高年级学生到处吹嘘今年的校庆日一定大获成功，他们在花车装点、服装打扮、活动安排等各方面花费大量的精力……新的校风出现了，大家变得很看重年级和班级的排名，很在乎选修"有意义的课程"。再也没有男生选修儿童教育和室内装饰课程，女生也纷纷避免选修工业技术和自动机械等"男性课程"。我们明显看到了人们重新变得比较保守，传统规范也开始回归。

要想真正了解一个成长中的孩子，所有上述这些方面的因素，还有许许多多其他方面的因素，都必须考虑进来。了解在各个年龄段的各种典型以及常规行为的变化，仅仅是理解你的青春期孩子的一个开始，但是至少你已经开始了。我们在这里所描绘的平面简图，是大多数青少年的正常表现。因年龄不同而行为不同，这应该是大多数年青人共同的现象。而个性特征则是每一个成长中的个体对于普遍发展规律的一种独特演绎。

请你在阅读这本书的过程中，牢记这么一条：每个人，不论年幼还是年长，首先都是一个独一无二的个体。

Chapter 2

13 岁孩子的
成长与发育状况

　　13 岁的少年在奔向青春的大道上会来个突然转向或者急刹车。他一改 12 岁时的阳光、沉稳，再度陷入纠结的状态：不愿与人交往，内向，有点退缩，不愿被别人窥探。他不喜欢与成年人打交道，看待问题已经有了自己的独到见解。这时的他开始懂得克制自己，不会吃起来没完没了，基本上能做到按时上床睡觉。虽然他这时的性格阴郁，悲观，隐秘，可是在动手能力方面，他们频频闪现灵光，喜欢敲敲打打，自己动手修理和制作东西。总体来说，13 岁的少年已经明显展现出青春期少年的特点。

1. 成熟状况：摇摆不定、不停纠结的年龄

在孩子的成长过程中，尤其是在青春期阶段，自然之力仿佛要一年一度地转动方向盘，促使孩子的行为成长忽然间狠狠转向另一个方向。很多 13 岁的孩子就是如此。

❖ 喜欢独处，"封闭"自己

正如我们在孩子 3 岁半以及后来 7 岁的时候所见识过的那样，转眼之间，孩子很明显地变得内向、退缩，不愿与人打交道，而且对自己、对他人、对整个世界都感到迷惑不解，甚至连新陈代谢也变得缓慢了。

每当一个 12 岁的孩子不可阻挡地走向 13 岁的时候，做

父母的往往忍不住要问："我那可亲可爱的、活蹦乱跳的、激情洋溢的、与人为善的孩子，怎么就不见了呢？到哪儿去了呢？"实际上，他真的就常常不见了踪影。除了吃饭的时候之外，你真的很难在家里找到他留下的痕迹。你最多可能在他把自己关回小屋里，钻入他私人空间的那一瞬间，瞄到一眼他的身影。如果这时你还真有胆量上前去问些最简单的问题，比如说到什么地方去了，做了些什么事，那么这些"离群索居"的人会黑着脸嘟囔几句："你不要打探一个人的隐私好吧？""这跟你有什么关系吗？""碍着你什么了？"

12 岁的孩子固然对家人都很友善，却已经开始略微从家庭生活中游离出去了。而到了 13 岁，这个不再和善的孩子，会把自己从心境到整个人本身都龟缩起来。大多数情况下，只要是跟全家有关的事情，他肯定不会在场。13 岁的孩子不但喜欢把自己的门关上，更要锁起来。我们访谈的一个13 岁孩子甚至把写字台推到门背后顶在那里，为的就是要避免万一有人想要进来。

如果你问某位妈妈她的 13 岁孩子是个什么样子，那么她可能这么告诉你："吹毛求疵，离群索居。"他的太阳这时毫无疑问地躲到了阴云的背后，而且至少要好长一段时间。13 岁的孩子是伤感的，13 岁的孩子是苦涩的，13 岁的孩子是多疑的、迷茫的、不友善而且不快乐的。

菲利斯·麦金利（译者注：生活于 20 世纪的美国著名儿童作家、诗人）用她的一首充满同情的小诗，描述了正如我们所知的这个年龄的孩子：

拿漫画书的女孩的肖像

13 岁不是个好年龄，13 岁的人什么都不是。

她既不风趣，脸上也没什么香粉，

既没有星期三的演出，也没有穿错了的衣裙，

既没有多少智慧，也没有多少优雅。

12 岁的人自有她的部落群，可是，13 岁，

既没有载着男生的破败汽车，也没有洋娃娃，

既没有萨拉·克鲁*，也没有电影杂志，

更没有墙上挂着的锦旗。

13 岁的人，写日记，也养热带鱼，

可是最多不超过一个月；

春光明媚里诅咒讨厌的跳绳；

---

* **译者注**：萨拉·克鲁，1905 年出版的儿童名著《小公主》中的主人公。

不敢向往，因为不敢奢望；

不去渴望，没有一切愿望；

秘密只属于自己，朋友都靠不上；

既不肯承认自己心中的恐惧，

也不肯戴上面具，哪怕已经有好几打；

依然不肯低头。

13 岁的人很难描述——既不是这样，也不是

那样：

既不是折下的花蕾，也不是拍岸的海浪，

更不是脱茧而出的飞蛾。

13 岁的年纪很难以形容，

那不再是一座四壁高墙的城池，

而是一片很容易陷落的无城之池。

一旦过去，就无人再去回忆，

也没有人觉得怜惜。

——菲利斯·麦金利

❖ 不合群的个性恰恰符合 13 岁少年的成长规律

13 岁孩子这种孤僻而又过于敏感的典型天性，在有些家长看来简直就是彻头彻尾的负面行为。可是，我们却从中看出了非常正面的、积极的、有益的地方。正是因为他龟缩于自我之中不愿与人为伍，这恰好保护了他那非常柔弱的、尚未成形的、正在萌发的独特个性。他的这一独特个性，在 13 岁的年龄段里，尚经不起任何人的详加盘查。

虽然 12 岁的少男少女一直在尝试让自我融入外部世界，而且表面上看起来一切都好像蛮不错，但是，孩子其实已经意识到（虽然还很难用语言表述出来），他们的这个自我，似乎还不能符合外部世界的要求。

因此，13 岁的他退回到自我世界当中，重新反省、深思，以构建出更为强壮的自我去面对世界。当生活以其避无可避的循环把他推向前去，也就是 14 岁的时候，他会再次伸展出他的自我，全身心地投入到外部世界中去。

❖ 对自己进行反思，过程纠结，干脆关闭自己

在我们艰难的青春期岁月之中，也许没有哪一年能像 13 岁这年这般突出地呈现出孩子对他的身体、容貌、基本性格的深切不安与不满。有时候，他似乎怎么看怎么对自己不满

意。而且他越是左挑剔右琢磨，自己就仿佛越多毛病，越发糟糕，以至于最后他往往干脆把自己完全关闭起来。有时候，你肯定会以为他是不是在那里尝试做一个不同的人，他的性格、心境，甚至表情，都是那么的不一样。（小镜子在 13 岁孩子这里往往会得到最充分的利用。）

13 岁的少年不但琢磨自己，也琢磨将来；不但再三反复自问自己目前是个什么样子，而且反复推想自己将来会是什么样子。

让你不能不感动的是，虽然这个年龄的孩子极少会想到家里的亲人，可是不论男孩还是女孩，却居然有 80% 以上的孩子，已经在考虑将来结婚甚至是养育子女的事情了。

一个人的情感反应，毫无疑问会跟他自己的感受有密切的关系。当妈妈以正面的心态来看待自己的 13 岁孩子时，所想到的常常都是一些正面的词：好深思的、安静的、独立自主的少年。可是，如果你对自己生出来的这个孩子感到满心的烦恼、气馁、沮丧、焦虑，那么，这时你心里想到的形容词往往都是些负面的词：郁闷的、冷漠的、忧伤的、喜怒无常的、故作神秘的、"忧郁的蓝调音乐"。

因此，不论是根据父母的汇报，还是根据我们自己的观察，在大多数情况下，13 岁的时光算不上一段充满阳光快乐的日子。

❖ 性格导致母子关系陷入紧张阶段

也许最让人感到痛苦的地方，就是在这个年龄段依然不可或缺的亲子关系，尤其是孩子与妈妈之间的关系。孩子对妈妈整个人的具体而尖锐的批评，现在已经开始了（到了14岁的时候更加厉害）。很多13岁孩子打心底里认为，妈妈所说的或所做的任何事情都是不可理喻的。有一位13岁孩子的妈妈专门感谢我们说，幸亏我们提前让她知道了13岁这个年龄段女儿跟她之间会是什么情形，"不然的话，我肯定要么觉得我一定不是一个好妈妈，要么觉得我天生就是一个什么都做不好的人"。

13岁的孩子会埋怨说"没有谁理解我"。可是，假如你真的摆出事实来证明自己其实能够理解他，那么他只会更加满腹幽怨，因为他并不愿意别人真的理解他，至少那个人不是你！因此，在13岁孩子面前你常常会"里外不是人"。不论你能理解他还是不能理解他，都让他感到很沮丧。

大多数孩子依然是对爸爸的抗拒要比对妈妈的缓和很多。跟妈妈之间，我们有个小姑娘说："我们互相朝对方吼叫。有时候我们能转身走开，不理就是，可有时候那可真叫个糟糕！"谢天谢地，13岁孩子大部分时间都猫在自己的屋子里，因此妈妈跟他之间其实很少能有什么交集，除非妈妈非要走进孩子的房间里，或者去窥探孩子。

13 岁孩子对自己的家人和他的所作所为往往都感到不怎么满意。比如说，有一个这个年龄的女孩子到外地过暑假去了，而假期里她的家人搬到了一个真的非常漂亮的新房子里。可是，这小姑娘并不高兴他们搬了家，而且见到漂亮新家的第一句话，仅仅是这么几个字："嗯，挺大。"

❖ 朋友关系明显处于重要位置

说到朋友，这是个让人愉快的话题，我们很愿意让你知道，实际上这也许是相当沉闷的 13 岁"景观"当中唯一的亮点。不过，跟那些呼朋唤友的年龄（比如 12 岁）比起来，许多 13 岁孩子的朋友肯定少了很多。他既非完全彻底地与世隔绝，也并不真正需要社交生活。

在我们所研究的 13 岁孩子当中，大约有⅓的人声称他们"花不少时间"去"谈朋友"。实际上，40% 的女生和 44% 的男生表示"他们"已经稳定下来，或者就要稳定下来了。让人不得不啰嗦一下的数据是，90% 的孩子（男女均一样）告诉我们说，他或者他的朋友已经"亲热"过了。（我们并没有向 12 岁的孩子提出这一问题，不过根据现在的答案来看，我们也许应该早点儿把这个问题提出来。）

对13岁少年来说，派对是一件相当令人愉快的事情。大多数情况下，他的表现比12岁的时候要略微沉静一些。派对的主要活动内容往往是玩各种游戏以及跳舞，当然少不了吃东西、聊闲天、"找乐子"，也有人提到了听唱片。24%的女生，28%的男生告诉我们说，他们在派对上也"亲热"过了。

❖ 喜欢上学缘于内心喜欢接受挑战

不少这个年龄的孩子，如今看来都挺喜欢上学，或许是因为学校里没人偷窥他的隐私吧！有些人喜欢在智识方面越来越强的相互较量，尤其喜欢那些很有挑战性的、需要独立完成的课业。而且，这时更加成熟了的少年已经意识到，一个哪怕自己并不喜欢的老师，也可能是一个好老师。即使他喜欢某个老师，可是以他目前典型的自我防御式的个性，他跟老师打交道的时间也比以前少了很多。

有些校长半开玩笑似的跟我们说，对于13岁的学生而言，校长大人等于是透明的，没人能看得见他。13岁的少年实在不怎么愿意跟任何成年人打交道。

❖ 受道德观念影响

大多数13岁的少年，道德观念相当强，尽管这对他来说毫无快乐可言。他喜欢在那里琢磨什么是对什么是错（哪怕他已经长到这么大了，揣摩妈妈会怎么说也依然对他很有好处）。但是，对大多数 13 岁少年而言，他自己心中的良知往往是他很好的人生指导。有些女孩子向我们表示，良知在她的心目中坚不可摧。绝大部分孩子非常在意公平二字，一旦他做错了事情，也真的愿意去接受别人的指责。他对别人和自己的道德要求，往往都相当高。比如说，很多人这时都认为欺瞒这种行为是绝对错误的。

如果你从道德尺度（以及健康角度）来看待抽烟、喝酒、吸毒，你会发现在这一阶段的孩子中这三种行为均比我们大多数成年人所愿意看到的要多得多。在我们所调研的 13 岁少年当中，84% 的女生以及 68% 的男生，承认自己或者朋友会吸烟；⅔ 的男女学生表示自己或者朋友会喝酒；还有几乎一半的男生和女生声称有的朋友在吸毒，至少也是偶尔会有一次。

对社会问题的看法，总的来说 13 岁少年的观念相当正面，但是却多少有些两耳不闻窗外事。跟男生相比，女生更会想到等将来长大之后，要为改变社会"现状"做些事情。他们大部分都相信，政治家很不诚实。

❖ 不对成年人吐露心思

13 岁孩子不愿意跟成年人近距离打交道的这种退缩的心态，即使在研究所与我们一年一度的例行访谈之中，也能看得出来。面对友善的，按道理来说相当中立的"局外人"，也就是我们的工作人员，而且早就对我们每一个常年研究对象（孩子本身）非常熟悉的人，他也一样在我们见面之前对妈妈说："哼，我不会告诉她多少事情的。"在访谈之中，孩子大多数显得彬彬有礼，也算是相当友善，但是他们真的都不怎么吐露心思。公平地说，从好的方面来看，他们大多在回答我们的问题之前都会认真想想，而且会给出虽然很简短但是相当准确的回答。而且，在这样的问答之中，我们的工作人员甚至会对孩子的成熟肃然起敬，觉得自己需要好好斟词酌句，以免让孩子觉得我们还是把他当成小孩子看。孩子又成熟了不少，如今是真正的"青年"了。（译者注：按照美国学校约定俗成的说法，孩子从 13 岁开始正式进入"青春期"，因此从 13 岁开始他就正式成了"青年人"。）

❖ 阴郁的 13 岁只是成长过程中的一个阶段

在这一章里，我们已经说了那么多，似乎大多数说法都有点儿偏于负面。我们无意贬低这个年龄的孩子，我们尊重他对隐私的格外注重。他已经意识到在这个人生中相对特殊的阶段，他和父母之间的关系不算特别好，而我们对此表示理解与同情。我们也同情他的诸多担忧，借用一个男孩子跟我们所说的原话："大多数情况下，我担心没人喜欢我。我担心我会做错什么事情，也担心我的这种担心什么时候才是个头。"

真的，13 岁的日子并不好过。在此我们很愿意告诉大家，对大多数孩子来说，用不了多久生活就会变得容易许多，他自会进入充满阳光的 14 岁，到那时他一定会迸发出新一轮的无限热情和无限精力来。

不过在 14 岁到来之前，我们强烈建议所有父母，请尊重孩子对隐私以及独处的心理需求，也就是 13 岁孩子在这个年龄段所表现出来的特有行为。在绝大多数情况下，一个健康的孩子自然知道自己本身的需要。这种对独处的需求，13 岁的孩子不见得能够明确地意识到，但是他却会凭直觉感受得出，独自一人的时候他心里最踏实。

很有可能在成长过程中，孩子的心理成长走到目前这个阶段，刚好处于一个很容易受到伤害的特殊时期。而远离他人，也就是让父母常常最痛苦的这一点，很可能健康而必要的行为，这有助于孩子的成长。如果我们这种推测正确的话，那么，请你接纳孩子这时的"离群索居"，不要把这当作性格上的毛病，更不要把这当成父母当得不够格的标志。如果你能做到这一点，那么不论是你的 13 岁孩子，还是作为父母本身，就都能够因此而得到一份内心的安然。

这当然也是一个标志，标志着你的 13 岁的儿子或者女儿正在长大，翅膀正在变硬，而这正是孩子成长过程中的必然趋势。而且，从相当广义的角度来看，这实际上恰恰就是孩子成长的最终目的。

2. 人体机能体系：能够进行自我 调节

　　孩子从 12 岁到 13 岁的转变，意义非常深远。13 岁的时候，孩子似乎有了一种内在力量的调动和组织。这时的孩子想要把事情整合到一起，吸收到内心深处，然后反复思量。这种收集与压缩会产生巨大的能量，但是，这一能量会如何消耗掉，却要看孩子的机体本身的恰当运作了。

　　13 岁的少年似乎已经知道他需要比以前更有选择能力，知道他需要忽略一部分东西以便把精力集中起来，这样才能获得他需要的成长。当孩子为了达到这一目的而龟缩到自己的小屋时，许多父母却因为这种行为而感到又担心又伤心，既不明白孩子是怎么回事，又觉得自己不再被孩子需要了。更糟糕的是，他宁愿奢侈地拿出大把的时间来，跟朋友煲电话粥，也不愿跟父母交流，这可让我们做父母的情何以堪啊！其实，最明智的做法是接纳你家13岁孩子分配给你的角色，不但要允许他把自己龟缩起来，而且自己也要主动后退一些，至少也应该退缩到一旁，在孩子需要的时候再伸出手来。

尽管13岁的少年和前一段日子比起来显得安静了很多，也退缩了很多，可是他的心思实际上完全相反，非常活跃，忙于整理他头脑中的各种想法以及身体里的能量，为明天的向外伸展做着准备。正如一个男孩子所说，"没有什么我讨厌做的事情"，这孩子一边说，一边想起了他不同于12岁的新变化，接着说："我记得去年的时候常常坐在那里左脚踢右脚，可是今年我却有了太多的事情可做。"

他真的有太多的事情可做，以至于他很难挤出足够的时间来做他想做的事情，更别提家务劳动了。但是虽然时间不够，能量却是很充足的，借用一个家长的话，"没有什么样的事情是他做不了的"，还有一个家长说，"她永远不知疲倦，总是渴望能有更多的活动"。不过，不是所有的13岁孩子都这样，许多人要等到进入14岁之后才会出现这样的阶段。他以一种有组织的方式调动和消耗着自己的能量，尤其当某件事情真能唤起他的热情的时候，你会很惊讶于他的能动性。比如说，心爱的小老鼠死了，他会用整整一个晚上的时间，给小老鼠做一个漂亮而精致的小小棺材，还要撰写一篇墓志铭或者一首小诗歌陪伴小老鼠，最后才安葬它。也许正是为了能获得我们这位 13 岁的少年人安葬它时付出的那份爱意和时间，小老鼠才乐于献身的吧？

和我们面谈的时候，13 岁少年的坦然与内敛显而易见。他虽然显得相当友善，可是并不太主动说话，也不太愿意交谈。他静静地坐在那里，几乎一动也不动。他说话时声音很低，每每低不可闻，语速也比他平常说话更慢。回答问题的时候，不论男孩还是女孩，都有可能耸一下肩膀就算是应答。在说话之前，13 岁的孩子思考得相当认真，有时候还可能一边咬着自己的嘴唇一边想答案。他回答出来的话，诚恳而真实，但是不肯吐露任何秘密。有时候他看上去蛮愁苦的，不过当说到他感兴趣的话题时，他也会渐渐地热络起来，偶尔还能哈哈大笑到喘不过气来。所有关于他的事情，他都要斟词酌句，加以分辨，借以界定他自己。

❖ 健康：总体向好的方向发展

总的说来，13 岁孩子的健康状况继续朝着良好的方向发展。他的疲态不再像 11 岁、12 岁时那么明显。有少数孩子可能还会诉说肚子疼或者胸疼，也有些孩子的皮肤会对羊毛制品敏感，我们可以看见孩子的胳膊内侧表面上会出现红斑。头疼状况比过去有所减少，而且孩子的头疼显然跟某些导因很有关系，比如说大量的运动锻炼之后，或者月经来潮之前，孩子往往会出现头疼。

除了营养不充分、维生素摄取不够，以及未被察觉或者未做治疗的过敏症等少数可能的情况之外，没有什么能够比当前过于流行的吸烟、喝酒、吸毒等坏习惯更有损于青少年的身体了。

不同成年人对这类行为的反应非常不同，有的人忧心忡忡，有的人则抱着一种不切实际、不以为然的心态，"这不可能发生在我家里"。有些学生的家长拒绝我们向青少年就这些问题提出问询，他们直截了当地对我们说，喝酒和吸毒问题尚未出现在他们的社区青少年之内，而且即使已经出现了，这些家长也不愿意去过问。

我们可以想象，一定会有不少青少年因为害怕遭到父母的暴力行为，而不敢真正坦率地回答有关吸烟、喝酒、吸毒等问题。因此，我们采用了一种比较迂回的方式来提问，即问是否知道在他认识的男孩女孩当中，有没有人涉足上述行为。

因此，我们觉得通过这种迂回的方式得到的应答应该相当真实。但是调查报告所显示的数据，只是不同年龄段的青少年所说的他所"知道"的有上述行为的人数比例，而不是承认自己有上述行为的人数比例。

而我们所取得的数据比例却是相当的高，请参照附录中的数据表五。即使是 10 岁龄的统计数据，也有高达 50% 的人宣称"有些同龄人"吸烟。12 岁龄的统计数据显示，超过 50% 的人宣称"有些同龄人"吸烟、喝酒。14 岁龄的统计数据显示，超过 50%（实际上是从 74% 到 100%）的人宣称"有些同龄人"不但吸烟、喝酒，而且吸毒。不过，一部分地区的老师所报上来的数据显示，13 岁、14 岁、15 岁的青少年中，吸烟很上瘾的人以及吞食毒品的人，其人数比例比几年之前已经略有下降。

根据全美毒品滥用研究所主任最新发布的数据，9 个高中生当中有 1 个人每天使用大麻，而且，"过去 5 年以来，每天都要喝酒的人数，包括啤酒和葡萄酒，基本上保持在 5% 左右"。

❖ 宣泄紧张情绪

跟 12 岁相比，孩子宣泄紧张情绪的行为进一步减少。有些孩子仍然会有咬指甲、手往脸上招呼（译者注：指抓耳挠腮、掏鼻孔、揉眼睛等）、挠头皮等动作，也会有一些小小的怪异表情、肌肉扭曲等。

父母总的来说对年幼孩子的紧张情绪宣泄更为宽容，比如吃大拇指，吸安抚奶嘴，搂着安抚毛毯，等等。可是，对于青少年的一些紧张情绪宣泄，比如说面部表情怪异，啃咬指甲，无法安坐，晃腿等动作，却往往不再那么宽容。

其实，孩子宣泄紧张情绪的途径，随着年龄的变化也呈现出一定的规律性的变化。更偏于基本生理上的宣泄，例如肚子疼以及头疼，还有更偏于外在行为上的宣泄，例如面部的扭曲表情、四肢乃至整个身体的过于多动等，很有规律地从 10 岁、11 岁、12 岁、13 岁一路递减到 14 岁，后者比前者的程度显然降低了很多，频繁度也降低了很多。

❖ 视力下降

我们研究的这一组 13 岁少年之中，有大约⅓的人要么告诉我们说自己有视力问题，要么会说出具体或者含糊的问题症状来。而这些视力问题大约有一半又跟阅读有关，出现在那些喜欢阅读以及大量阅读的孩子身上。每个孩子所表现出来的症状繁杂不一：读书时觉得眼睛累，书上的字会跑来跑去，字迹模糊一片，等等。也有孩子表示看电影或者电视之后会头疼，坐车的时候觉得不舒服等。但是，孩子自己很少意识到他抱怨的这些问题其实都是视力问题导致的。

在视力测试过程当中，孩子往往安安静静地坐在那里，很少问问题。不过，孩子对视力以及视力保护的看法跟以前相比成熟了很多。如果需要戴眼镜的话，不论男孩还是女孩都会愿意。虽然很多人还是会觉得戴眼镜很麻烦，但是他们大多已经可以在近距离用眼的时候，比如读书和学习，接纳戴眼镜所带来的好处。那些成天都戴着眼镜的孩子，一方面可能讨厌戴眼镜，觉得这有碍观瞻；可是，另一方面他却又很明白，如果摘掉眼镜的话他可能会觉得心里不踏实。到了14 岁的时候，女孩子尤其渴望能够摘掉眼镜，而且会为了达到这个目标而努力。因此她更有意愿配合视力训练的课程，隐形眼镜也会开始在这个群体间流行。

由于 13 岁孩子典型的向内退缩的进程，功能性远视的情况少了很多。如果这种趋势继续下去的话，将会出现相当严重的近视问题。幸而到了 14 岁，孩子的发展趋势又会颠倒过来，因此到了那时远视状况又会略有加剧。11 岁时没有测出远视的孩子，到了 13 岁的时候患近视的危险性相当高。而那些已经患了近视的孩子，在这一阶段很可能出现近视加剧的情况。

如果一个远视的孩子觉得戴上远视眼镜之后，视点从近处移向远处时反而看不清楚，则应该配上一副双焦距眼镜。有了这东西，他上课的时候视线就可以在近距离课桌和远距离黑板之间来回迅速移动了。

13岁少年展现出比11岁、12岁时都更为突出的聚焦能力。尽管有些孩子的视点可能落在了测试目标的后面，但是他们对目标的捕捉表明现在双眼配合以及运作上比以前又有了进步。除了近视的孩子以外，大多数孩子都表现出很好的双眼跟踪移动目标的机动能力，能够相当容易而且高度精确地做到这一点。

❖ 女孩生理发育及性意识

大多数女孩子的成熟会在这一年之中继续完成。身高和体重继续增加，不过增加的势头比12岁略有缓和。女孩子的身体总的来说开始显得凸凹有致，比如说，臀部开始突出，凸凹之间的转接也显得平滑。可是，在体重增加的同时女孩子却可能显得更为瘦削，尤其是脸部、脖颈、肩膀处最为突出。这种常见部位的瘦削加上小姑娘身高的增加，就在她的外观上形成了双重的效果。穿戴整齐之后，她看上去像个细高挑儿。可是如果对她的身体做更加全面的观察，那么她的臀部和大腿则已经告诉你，她已经发育得更加成熟了。

大多数女孩子在满14岁之前就会来月经，而且平均来说，13 岁女孩子的身高已经长到了她自然身高的 95%。孩子第二性特征的胸部，以及她的体毛，也在缓慢而稳步地增长。她对月经最感到焦心的地方是怎么现在还没来。少数少女对月经期隐隐有些怨愤，因为那会影响她参加各种活动。不过这种怨愤大多很快就能过去，而且大多数少女在经期不肯减少她们的各项体育活动。

看来月经的开始和头疼频率的减少之间，有一定的关系。月经来潮期间，通常来说并不会痛经，只是月经的来潮往往很不规律，有的人甚至相隔半年才会有第二次。但是，每次间隔时间会逐渐减少，到了 14 岁的时候，月经就会变得有规律多了。

尽管 13 岁的少女不会有意避讳让朋友或者父母知道她来月经了，不过，她往往还不好意思自己去买卫生巾以及卫生棉条。那样的场景太让人尴尬了，13 岁的少女还少不了要脸红。

❖ 男孩生理发育及性意识

很多男孩子在 12 岁的时候已经显露出机能成熟的迹象，如今到了 13 岁，其成长变化就更明显了。以成长速度居中的孩子为例，13 岁是生殖器的快速生长期。大约⅔的男生长出了阴毛和腋毛，上嘴唇两角绒毛的颜色开始变深，鼻子似乎往外翘出，像立在岸边上的高崖似的（不但男生如此，女生也一样），需要再过一年，鼻子才会长得跟脸部其他部位更相融合。许多男孩子的声音听起来已经开始变得低沉，他们还会借此在家里开玩笑，可有些孩子的声音反而比以前显得更高、更清晰。

大约从满 13 岁之后不久开始，大多数男孩子都忽然开始蹿个头，而且少数几个孩子会长得比别人更快。这时候的男生比女生更在意自己能长多高。到了快要 14 岁的时候，大约有一半的男生达到了他身高增长的最高峰，之后他的长高速度就会越来越慢了。

勃起的现象不但会因为某些直接的刺激或者性的幻想而出现，而且往往会不知不觉就发生，或者为了些很不相干的情绪激动而出现。这时的男孩往往很疑惑，为什么既没有女生在身边，也根本没有提及女生就这样。由于这种现象完全无法预料，因此许多这个年龄的男生一天到晚穿着运动裤，而不再仅仅为了运动而穿运动裤了。大约有一半的男生在满 14 岁之前就体验过射精，还没有过体验的孩子也大多知道这回事了。

跟以前说过的一样，如果母子之间的关系轻松自如而且妈妈宽容接纳，那么你会是孩子最合适的性知识提供者。也许你最需要告诉孩子的，就是让他明白男生和女生对爱抚的反应会很不一样。你应该解释给他听，女孩子喜欢拥抱和亲吻，而这种程度的"亲热"，很可能让这个年龄的女孩子十分满足。但是很明显，同样是这种拥抱和亲吻，却能引起男孩子某种非常强烈的渴望。让孩子明白这一点，虽然尚不足以解决所有的问题，但是让少男少女了解这一事实无疑非常有意义。

3. 自我照料和日常作息：安排得十分妥帖

13—14 岁少年在日常作息方面显然不喜欢家长干涉过多。尽管他们当中某些人并不善于经营此道，但随着年龄的增长和身体、思维的变化，他们的日常作息也会表现出相应的特点。家长此时不必强迫孩子按照自己的要求去做，只需要给出恰当的指导。因为孩子是否按照你说的去做，基本上遵循自己内心的想法，强迫显然不是明智之举。

成长中的孩子有一个让人比较烦恼的方面，也是父母日日都要操心的一些行为，那就是他的日常饮食、睡眠、洗浴、收拾自己的房间以及衣物，还有就是挣钱与花钱。

孩子吃得太少或者太多了；太偏食或者对饭菜横挑鼻子竖挑眼；还有最烦心的，他不喜欢吃父母认为健康营养的食物，偏喜欢垃圾食物。随着年龄越长越大，从童年到少年到青年，在父母认为恰当的时间之内上床睡觉也越来越成为一个问题。而早晨起床同样越来越艰难，当然也是指在父母认为"恰当"的时间之内。

洗澡、洗脸、洗手，向来会遭到孩子顽固的抗拒，直到忽然有一天，你发现孩子霸占了洗浴间，在里面耗费掉长得让人牙痒痒的时间，而清洗和梳理他或者她的头发更是格外耗时。

一旦过了温顺的 10 岁，衣装往往成为亲子之间一个没完没了的纠纷。而且，很少有一个活蹦乱跳的少年能把自己的房间保持到妈妈认为有利于健康的标准，更遑论保持整洁，有条有理。

再来说说钱。成年人和孩子之间几乎不可能就日常交往需要多少钱而达成共识，更别说还要去跟"那些别人"的父母所给的去攀比。假如某个年青人的父母比其他人的父母要更老一些，还记得当初通货膨胀之前的年代，那么诸如"这才只要 25 块钱而已"的话很可能导致亲子之间相当大的不愉快。

日常作息也许让人不觉得会是成长之中多么大的事情，但是这些行为却对家庭生活的和谐与不和谐有着非常大的影响。

❖ 饮食：自我控制

食欲：通过过去两年的不断进步，13 岁孩子的食欲相当稳定了。有些孩子的食欲可能比 12 岁的时候更为旺盛，也有些孩子会稍微平和一些。比如说，有些孩子以前要添两三次饭菜才够吃，现在则知道限制自己最多只添一次。不到吃饭的时候，他并不会惦记着吃；到了吃饭的时候，他会吃得格外香甜。不过，假如有人提及好吃的东西，他还是会去想那东西的。

13 岁的少年放学之后往往需要吃点东西，有时候上床之前也一样。还有的孩子在吃晚饭之前就实在饿得忍不住了，因此也会吃些东西。不过，这些东西却完全不会影响到稍后的晚餐时他的胃口。跟 12 岁的时候相比，他往往不再狠狠地大吃一通，而且常常会选择吃些水果或喝些果汁来缓解饥饿。这时他可能会锁定某一样水果（苹果、橙子等），而且可以一连吃上好几个。放学或者散电影之后，有些孩子也可能聚集起来一起去买东西吃（买果汁或者饮料，圣代冰激凌往往太贵了）。孩子买什么可能会受到伙伴们的影响，也有的会受到家庭的影响，比如说，极少数孩子已经知道应该避免买这些甜东西吃了。

偏食与挑剔：这一组的孩子提到的他喜欢的食物是最少

的，而且 13 岁的年龄组也是唯一说不喜欢的东西多过说喜欢
的。某些古怪的饮食观念好像挺流行，例如一个女生说她先
吃酸苹果，然后吃甜蛋糕，就能"让吃到肚子里的东西平衡
起来"。谈及喜好的东西时会更多地使用概括性的用词，比
如，水果类、蔬菜类、肉类、淀粉类、脂肪类、巧克力产品
等等。

喜欢的：煎牛肉（看来一直受欢迎）、炸土豆、汉堡包、
热狗、鸡肉、水果、冰激凌、甜食、豆类、胡萝卜、豌豆、
玉米。

讨厌的：肝脏。蔬菜类——做熟的芹菜、甜菜根、卷心
菜、菠菜、炖土豆、甘蓝、菜瓜、美国萝卜、芦笋、西蓝花、
洋葱以及（许多人不喜欢的）豆类——罐头豆、扁豆，还有
"可怕的四季豆"。

点心与甜食：两餐之间的点心几乎无人例外，而且有些
人简直就需要吃个不停："我总是肚子饿，每一天的每一分钟
都饿得慌。"上床睡觉前的点心也相当普遍，而且快要开饭前
或者刚吃完饭不久就忍不住要吃东西的人不在少数。受欢迎
的餐间点心通常有软包装饮料、曲奇饼干以及水果。

总的来说，甜食的消耗量比 12 岁时少了一些。但是，他
们喜欢的品种却增加了不少。有些特别喜欢甜食；有些则不
那么喜欢，而是更喜欢吃水果。有些很爱吃甜食的人能"很

好地"克制住自己不去吃。

餐桌礼仪：餐桌上比过去平静多了。13 岁的少年如今能更安静地坐在那里用餐。因为孩子不肯吃饭而发生"战争"的情况已经不会再现。大多数孩子都吃得很好，而且他真不肯吃什么的时候，父母也会随他。他最不肯吃的东西往往是蔬菜，恨不能餐桌上根本没有这样东西，有的话他也连尝都不想尝，好在这么坚决彻底地挑食的孩子毕竟不多。一般来说，13 岁的孩子都挺喜欢肉类和菜类，而且这时他对水果和蔬菜沙拉的兴趣越来越浓厚。跟 12 岁的时候相比，一方面他更喜欢餐后甜点，另一方面却又不那么眼馋吃糖了。有些 13 岁孩子开始瘦了下来，可有些孩子继续超重。他们有的会谈论如何减肥，好在总的来说，13 岁孩子的食欲都比较节制，因此超重的问题应该有所好转。

父母这时纷纷表示孩子在餐桌礼仪方面大有进步。"他不再像以前那样狼吞虎咽了""她现在比以前坐得端正，不再像过去那样把头埋在餐盘里了"（译者注：西餐礼仪，吃饭的时候要背靠椅子坐端正，哪怕喝汤也不可以埋头把嘴凑到汤碗上喝，而是用勺子舀起来稳稳地送到嘴里）。虽然他还是喜欢说话，但已经不再"垄断话谈"了。

帮厨：我们的这一年龄组中，只有 ⅓ 的人还对烹饪感兴趣。而参与烹饪的孩子中，更多的不是为了好奇而体验一下，而是真正地帮忙。这就像体育运动一样，刚开始的时候很多人都感兴趣，渐渐地感兴趣的人越来越少，最后只剩下那些真正有这方面才能的人。帮厨工作中最常涉及的食物有蛋类、汉堡包、热狗和烤蛋糕等。

❖ 睡眠：形成自己的作息规律

就寝： 若不是 10 点才打算睡觉的话，至少也要推到晚上 9 点半。借用一个男孩子的话就是"我应该 9 点半上床，不过，这要看需要花多少时间了"。一般来说，上床睡觉不会太花时间，而且 13 岁的孩子往往很早就钻回自己的屋子里去。晚间最需要父母出面的地方，是你应该去确认一下灯是否关掉了，收音机是否关掉了。而父母的这些要求大多数情况下都不会遭到孩子多大的抗拒。许多孩子甚至很喜欢进被窝，还要深深思考自己为什么会"越长大越喜欢进被窝"。有的孩子可能要拖延到深夜 1 点才会入睡，不过大多数只会在被窝胡思乱想半小时，或者听半小时的收音机。由于他喜欢凡事预先计划，因此他可能想想明天下午要做些什么事，甚至是明年夏天的计划。很少数几个孩子可能趁着父母不太管他而折腾到夜里一两点才睡。大多数孩子则是半小时之后就会睡着，而且睡得十分香甜。

入睡：许多孩子说夜里会做梦，不过醒来之后一般都不再记得。男生往往梦见他在运动场上驰骋；而女生则常常梦见男孩子，或者梦见她在跳舞。一个很平常、平和的梦，到后来往往变得相当迷乱。一些令人烦恼的梦往往会再现。父母常常告诉我们，13 岁的孩子夜里会说梦话。

晨起：对 13 岁的孩子来说，早晨起床往往不再是一桩麻烦事。他通常会早早叫醒自己，然后蜷在被窝里慢慢地真正清醒。如果他心里惦记着需要在某个时间醒来的话，往往会醒得过早。有时候他也会愿意一醒来就跳下床，甚至有意为之，"看看我有多大的意志力"。平均来说，13 岁孩子一般还是会在早晨 7 点醒来。

❖ 洗浴以及头发梳理：他们不愿花费太多时间

有关梳洗的问题，到了这一阶段，大都比过去更为将就，而不再像以前那样花那么多力气在这上面了。不少父母告诉我们，"他还是需要我们提醒，好在提醒的时候不再抗拒。""你不提醒她不行，但是她再也不跟我争辩了。"13 岁的孩子虽然不像 12 岁的时候那么享受水，不过却有了一种新的心态："快点儿做快点儿完事。"

平均来说，这个年龄段的孩子可以每周洗两次澡，夏天更喜欢淋浴，冬天更喜欢盆浴，不过也有些孩子一年四季都只喜欢盆浴。若是将要参加一个舞会，你那 13 岁少年肯定会去洗澡。由于出汗越来越多，他也越来越能自己觉察到洗澡的必要了（这不仅因为参加体育运动，而且还因为新增长的汗腺以及强烈的特殊体味）。

女孩子一般一个星期或者更短时间洗一次头发，冲洗的时候也许还是会需要妈妈帮忙。男生女生都对自己的头发更感兴趣，也都会在意打理自己的头发，因此要让他梳理和清洗比以前容易了不少。许多妈妈都相当惊讶地发现，不知不觉之中她已经不再唠叨孩子的头发了，相反，那孩子如今一天到晚不知道要花多少时间站在镜子前梳理自己的头发。

不过，指甲目前尚未能得到头发的高级待遇。孩子仍然需要父母提醒修剪手指甲和脚指甲。对牙齿的护理现在做得相当不错，尽管有些孩子还是免不了需要父母提醒他去刷牙。

❖ 衣着以及房间清洁：依照自己的喜好打扮和布置房间

许多 13 岁孩子的衣着打扮开始呈现出一种新的讲究，用妈妈的话说，那叫"新气象"，不论是女儿还是儿子的穿戴，都"整洁了很多"，而且"一丝不苟"。即使是过去那些一直邋里邋遢的孩子，现在也进步了很多。

　　同龄群体对衣着的偏好虽然会影响13岁孩子对衣服的选择，但是他却不再亦步亦趋地跟随别人。如今他更清楚自己喜欢什么，不喜欢什么，而且完全有能力为自己选择大部分的衣装了。虽然在采买的时候，决定权通常在13岁少年的手里，父母还是应该陪伴在身边随时提供帮助。在选择的时候，我们不难看到父母和孩子之间有不少争执，但是同样常常能看到双方对对方品位的尊重。不过通常来说，13岁的孩子往往会蛮坚持自己的想法，直到他最终找到合心合意的衣装，这每每搞得妈妈十分抓狂。另一种极端情形是，一些成团结伙的少年郎很少在乎自己的衣装。他们喜欢穿牛仔裤、T恤衫，而且以衣服的重量作为判别"好坏"的标准：越是轻便的衣服越好。不过，哪怕是这些男孩子，到了应该打扮起来的时候，他也不会为了穿衣打扮而跟父母闹别扭。女孩子特别关注别人的衣服，而且有本事相当准确地估量出什么样的衣服会获得别人的称赞，什么样的衣服不会。

　　尽管对自己的衣着打扮已经比过去讲究多了，可是，13岁的孩子仍然不会把爱惜衣服跟自己希望整洁漂亮挂起钩来，衣服脱下来很可能随手一扔。有的孩子可能好一点儿，知道把衣服挂到椅子背上或者门钮上。好衣服的待遇可能会更好一点点。只有极少数孩子这时就能明白如果不把衣服挂起来会容易起褶皱，甚至愿意自己亲手熨衣服。

脏衣服要放到洗衣篮里，13 岁的孩子做得比以前有进步。而且他也会更自觉地换上干净的内衣内裤。实际上，有些妈妈甚至希望孩子不要换得太勤了。也有许多孩子越来越明白哪些衣服需要送到干洗店去洗才行。

至于孩子的房间，仍是一塌糊涂。地板上不但散乱地扔着些衣服，而且胡乱地堆着些书、纸张，甚至吃点心用的盘子也放在地板上。他虽然已经明白需要把东西拾起来放好，但最多只能做到一两个星期收拾一次，而且这都还需要妈妈的提醒。不过一般来说不会因此有太多的"抗拒战"，或早或迟他总归还是能去收拾一下。

13 岁的少年大部分时间都"宅"在自己的小屋里。他可能往自己的墙上贴各种图片，比如说，摇滚乐队、电影明星的照片，以及各种小旗子。他也会花大量的时间靠在自己的床上读读书、听听收音机或者写写作业。男生常常会把自己的门锁上，再加上链子，以确保他的私人空间不受打扰，尤其是弟弟妹妹的骚扰。

❖ 金钱：更喜欢通过劳动赚得

虽然还有少数 13 岁少年的零用钱仍然处于每周 3 块钱的

低水平，但是大多数孩子这时候都提高到了每周 4 块钱，甚至更多。然而，这些钱显然还是不够用。有些孩子的零用钱还需要支付自己的午饭费用以及公交汽车费，因此家里会给他一个更大的支配额，比如说每周 5 块钱。有些男孩子很能挣钱，一个星期甚至可以通过卖报纸最多挣到 15 块钱。有的妈妈干脆说自己的少年郎是"财迷"，"就是为了有钱花他才去赚钱"。有些孩子还会为了去买一样特别的东西而把钱存起来，比如说一架照相机、电动割草机，甚至是一艘船。这些能赚钱的孩子甚至还会自己掏钱买衣服。

　　尽管 13 岁的孩子比过去更为安静，更善于思考，更为内向，可是这些变化依然改变不了这些小消费者的窘境。对他们来说，"花钱就跟流水似的""一转眼就没了"。即使他不会一拿到钱就花个精光，至少也会在周末之前"破产"。不论这一周开始的时候他手上得了多少钱，看来都不够他花销。而那些不缺钱花的孩子，也一样不知道该怎么计划自己的开支。他也许真想好好做个预算，可是最后总是陷入一团糟之中。他的钱随处乱放，屋子里、口袋里、桌子上，到处都是。这时父母需要把这些钱都"采集"起来，跟孩子一起坐下来，好好商谈一下该怎么计划开支。

❖ 劳动：工作效率和结果皆让人满意

帮助做家务，需要有一个相对固定的说法，既能让父母放心孩子会做，也能让孩子有一定的意愿去做该做的事情。听着他哗啦哗啦一口气说出四五件该他承担的家务事，说他如何保质保量地完成任务，你简直以为期待已久的千年纪元终于到来了。没错，凭着13岁孩子合作的意愿和工作的效率，父母还真可以放心提出要求。虽然免不了会有一些孩子要你"稍等一分钟"，但是总体来说，13岁的少年已经建立起了一定的日常习惯，往往可以跟几个兄弟姐妹一起轮流做些家务事，该做的他自会好好去做。

男孩子尤其喜欢做些需要动手敲敲打打的工作，例如修理简单的电器和日用工具。他也喜欢外出跑腿办差，同时往他的钱罐子里赚些外快。个别孩子已经开始在商店里帮忙了。女孩子除了收拾自己的房间之外，也开始帮着家里收拾其他房间，而且还很喜欢帮忙做早餐，尤其是在周末的时候。而且这个年龄的少男少女都能承担帮别人带小孩的任务，当然他们也很高兴能为了保障开销而多赚些钱。

4.情绪：从阳光开朗转为孤寂沉默

从12岁到13岁的变化既是明显的，也是微妙的。这个年龄的少男少女往往觉得"事情比以前好多了"（如果真有什么事情的话）。这不但是指他自己能够做的事情，而且也指他跟朋友之间的关系。

13岁的少年承认他"不算太好"，而且常常知道在外人面前他的言谈举止要比在家里好很多。别人感觉到的他身上的变化，会比他自己能感觉到的要强烈一些。家长往往一再告诉我们说，他的孩子显得比过去安静多了，神情渐渐变得更严肃认真了，而且开始出现阶段性的情绪波动。没错，那总是精力无限而且满腔炽热的12岁孩子如今真的安静了好多。甚至连我们跟家长会晤的时候，来自妈妈的赞扬也都变得用词谨慎了不少：这孩子"应该还算好""挺阳光的吧""相当不错"。对于许多孩子来说，13 岁的主旋律是小调式音乐，人们往往用各种不同的形容词来形容他：阴沉的、郁闷的、隐秘的、悲观的。

如果 13 岁少年的沉静不算太偏于离群索居的沉默，他往往在情绪方面能够较好地控制自己，不但觉得自己更为独立，而且也往往表现得更为独立。少年可能略为远离家里其他人，独自留在自己的小屋里，因为他这时喜欢独处。他自己相对满意，独自一人的时候也显得挺快乐。也有可能不需要什么理由就能忽然变得非常快乐，只不过这样的时刻往往并不长久。

忧伤的感觉可能比以前更甚。当孩子觉得"灰蒙蒙的，阴沉沉的，事情好像不太对劲儿"时，他的心境就会是这般充满忧伤，而且这种感觉不见得有什么明显的缘由。更显而易见的缘由，比如说某个亲人逝世了，小宠物死了，好朋友搬走了等，都可能成为他忧郁的根基。而假如妈妈生了他的气，好好教训了他一顿的话，那他的心情就糟糕至极了。

愤怒的时候，13 岁的孩子显得比过去更能控制得住自己，很少像以前那般爆发出一通狂怒来。其实少年更多的是生气和恼怒，而不是愤怒。即使真被激怒了，他也能做到某种程度的有意识的克制。少数不太能克制得住自己的孩子被激怒了的时候会说些狠话，但是更多人却什么也不说，什么也不做，如果要做什么的话，就是走开，回到自己的小屋里，翻来覆去地想这件事，让自己慢慢冷静下来。不过，少年的这种反应常常有一种转向，也就是说，看起来好像当时蛮克制，但实际上他往往会把情绪发泄到别人身上，尤其是妈妈这个"撒气筒"身上。另一种更为常见的做法，则是他把怒气发泄到自己身上，"臭骂自己一顿"，这似乎也能使自己慢慢地平静下来。

总体来说，13岁的少年已经能够意识到，生了老师或者父母的气的时候，"我也不能拿他怎么样"。而且他也能够意识到，事情过后往往会出现一些证据表明爸爸妈妈其实是对的。可是，老师往往能给13岁的学生带来很大的烦恼。有些学生很生老师的气（有的有道理，有的没什么道理），以至于他觉得老师"坏得不得了"。如果他没有勇气跟老师以更激进的方式对抗的话，那他也要针对老师的要求反其道而行之，比如说，假如老师说某某人很了不起，他就偏瞧不起某某人。

你不太容易看见13岁的少年掉眼泪，但是他有时候还是会在自己的房间里暗自垂泪。有时候他是气得哭，可更多时候是因为"事情实在是太糟糕了"而落泪，比如说，别人没有邀请才华横溢的自己去参加派对，却邀请了更为成熟的14岁的哥哥姐姐去。

这个年龄的孩子不算是特别胆小。他可能会告诉你他跟别人差不多，会对一些别人"都会感到害怕的"事情感到害怕。可实际上，在他头脑深处却往往有些很可怕的想法，而说到这些可怕东西的时候他又偏偏刻意轻描淡写。你常常可以听见他说："我除了原子弹之外什么都不怕。""我才不怕自己一个人待在家里呢，我就是觉得一个人太孤独了。"他会告诉你晚上独自走过一条漆黑的街道时"我才不害怕呢"，只不过"走得稍微快一点而已"。他会自己让自己相信"我不害怕"。另外，相当一部分 13 岁少年都有一件共同的特殊的惧怕的事情：乘坐地铁的时候，独自一人被一大群人挤在中间动弹不得。

尽管他不算是太胆小，但是，他总是有各种各样的担心事，"我觉得差不多什么事情都让我担心""我担心前面还会有什么事情让我担心"。似乎每个少年都有值得自己发愁的事情。有相当数量的孩子担心学校的功课，比如说，学习不怎么好的学生担心能不能通过体育考试，学习好的人又担心自己在排行榜上的名次。有些人担心自己的兄弟姐妹是否比自己更受欢迎，还有些人担心该怎么偿还欠别人的债务，该怎么把手上的事情做完。还有少数几个人甚至会为遥远的国际事务操心。他想到的应对国际事态与局势的方案都相当简单，比如我们有一个 13 岁的少女这么说："只要他们用用脑子，问题就能解决了。他们就是贪婪，从不知道为别人着想。"

当我们问及"你最主要的顾虑是什么"时，他往往说不出来，"没有什么要紧的问题""一点小问题啦，很容易解决的"。女孩子更在意是否受欢迎，是否有魅力，以及自己的将来；男生则更在意上学以及开销方面的事情。极少数孩子也真有些特别的事情，比如说，担心星期五的晚上能否晚些睡觉，身体上某个地方能力不够或者有什么缺陷。另外还有相当数量的少年最头疼的事情，就是跟家里的某个兄弟姐妹一直相处不好，年年打得个冤冤不解。

虽然13岁的少年外表看起来可能有些冷漠无情，可是内心深处却往往非常敏感，很容易被人伤到自尊心。这不仅可能因为别人说了句什么，而且还可能因为别人对他的失望，或者自己觉得没做好，比如成绩考砸了。倒不是说分数本身会让他伤心，而是别人满脸不屑或者鼻子翘上天去的表情，会让他觉得特别受伤。少数几个人也许做得到一笑置之，或者打个哈哈幽上一默。

13岁的少年越来越容易觉察到自己本身的感受。许多孩子不但会表露出他的感情来，而且也不在乎别人是否知道了这一点。不过，也有许多孩子想要"隐藏"或者"遮掩"自己的感情，他高兴的时候不在乎让人知道，但是悲伤的时候却不肯让人发觉。通常他只肯把自己的感受告诉自己最亲近的好朋友，偶尔也会告诉妈妈。

13岁的孩子很不容易表达出自己内心爱的感情来，一副冷冷淡淡的样子。他似乎更倾向于把感情埋在心底，默默地在心里独自品尝。他不太会羡慕别人有比自己更好的天赋，或者有比自己更多的财富。"偶尔有些时候"他也可能会为了"一些小事情"而心生嫉妒，但是总的来说他并不愿意跟别人"对换"。

在竞争意识上，13 岁的少年进入了一个新的阶段，喜欢在"关键事情"上跟别人一决高低。在哪些方面他想要出人头地，他往往很有自己的看法。不过他即使没能胜出，也不会太放不下，哪怕他真的很想赢，真的很努力了，面对失败他至少能对自己说一句："我的心不会为此而碎。"

幽默风格方面，有些人开始转向"冷"幽默，而且少数孩子已经变得尤其擅长讽刺挖苦。他喜欢以很夸张的风格反复重复别人说的某句话。他还会刻意模仿老师的某些怪癖，往往很容易让人下不来台，也很能说明事情。有些孩子会开些比较过分的黄色笑话，里面至少带有一些隐喻性交的词语。

❖ 体形对情绪的影响

不仅年龄不同情绪特征会有所不同，而且不同的孩子会有一定的个体差异。

我们研究所对个体差异的看法追随威廉姆·H. 谢尔登博士的观点，他的体形心理学基于人的行为是人体结构的一种机能表现，也就是说，我们之所以会有这样的行为，很大程度上是因为我们的身体构架。

因此，那种肉乎乎、软乎乎的孩子，也就是我们称为圆形体形的人，往往是友善的、随和的、容易相处的人。跟其他体形结构的人不一样，这种体形的孩子感情趋于外露，他希望别人知道他心里是什么感受，而且愿意跟任何人谈论任何事情。任何时候他都能让自己的情绪自然流露，不论是好是坏是悲是喜，他均不打算隐藏。不过，虽然他善于表达感情，但是他的感情并不算深。但是最重要的一点，圆形体形的人热爱生活的和平。他会尽一切努力避免与他人发生任何争执和纠纷，也不想与人竞争，似乎永远都远远躲着聚光灯。

但是，结实壮硕的方形孩子，却完全不是这么回事。从小他在情绪方面的特点就是热衷于自身的力量。男孩也好，女孩也好，都喜欢与人竞争，主掌局势，发号施令，征服一切。他有很强的推力、动力和体力，既对别人的感受与情绪不那么敏感，也对自己的痛苦似乎麻木不觉。他实际上往往十分勇敢，不但愿意当领袖，而且勇于冲锋陷阵。如果生气了、恼怒了，他往往容易发泄到别人身上，而且常常拿妈妈当撒气筒。

纤细而敏感的长形孩子在情绪表达方面跟前面两者又完全不同。长形孩子对任何情势都容易反应过激，哪怕在很普通的社交场合他都可能显得相当紧张。他是羞怯、疏远、离群索居的人，不愿意别人知道他心里的感受，独自默默承受痛苦。即使他很想哭，他也觉得当众泪雨滂沱是一件极其丢脸的事情。他最大的问题之一（却也常常是他最大的优点之一）是他相当敏感，也相当脆弱。这固然让他容易陷入痛苦之中，可也令他能够理解和感受别人的苦楚。假如他的境遇十分糟糕，他也会默默忍受。长形孩子通常对疼痛过于敏感。

由此，不论孩子年龄的大小，你大致可以估计得到有些青少年会比其他人更为开朗、热情，有些则会比其他人更为安静、含蓄。有些人天生比较容易克制得住自己的情绪，有些人则相反。

❖ 环境对情绪的影响

还有一个变数我们必须考虑，那就是环境因素对孩子情绪的影响。过去人们总以为所谓环境的影响主要是指生活周围的其他人对一个人的影响。不错，一个生长于幸福、温馨家庭之中的孩子，更有可能成长为一个比来自相反家庭背景的孩子更为快乐的人。

而今，我们也必须考虑另一种相当不同的，能够影响孩子情绪的环境因素：来自生活中物质环境的影响。我们日常的饮食，我们呼吸的空气，常常可能形成一种过敏原，从而对孩子的行为与情绪造成相当有害的影响。

现在不少人都已经明白食物能够而且经常对人的情绪以及行为带来很不利的影响。介绍关于这一类知识的书已经很多，最典型的当首推伦敦·史密斯博士的著作——《从饮食入手改善孩子的行为》。在这本书中，史密斯博士解释了孩子许多搅得家人不得安宁、粗暴而又过分的行为，其实都是他的饮食中某一种东西所带来的恶果。

❖ 食物对情绪的影响

我们很多人都体验过肚子饿了的时候往往变得脾气暴躁。那种因为终于吃到了东西而产生的感觉上的忽然变化，对小婴儿的冲击尤其明显，往往使得他在得到哺乳后的短短几分钟之内，就从刚才迫切、愤怒、焦躁的号哭之中走了出来，显得非常幸福而安详。

人们常常指望青少年在遭受饥饿之时能够大体上具备成年人的克制能力，不怒不悲。他固然有了一定的克制能力，而且更有了自己填饱肚子的能力。自己打开冰箱找吃的，自己有本事做吃的，尤其自己荷包里还有了钱可以去买吃的，这些都使年青人可以免受因为身体成长太快而带来的饥饿之苦。

5. 自我意识：注重眼前，顺其自然，自我反省

　　一个处于青春期的青少年，除了每隔一段时间就把自己从生活的舞台前面狠狠地拉到后面，拉到自己内心跟自己沟通之外，还能有什么更好的途径认识自己吗？每个少年能令这股成长的力量发挥多大的作用，固然因为个体的不同而千差万别，但是其大致走向毕竟是一致的。

　　11岁孩子那种迅速的、不断变换的、充满冲突的自我变化，通过12岁到了13岁的时候，已经显得几乎静止不动了。然而，在这静态的深处却仍然充满了动态的变化。凭着新获取的智识能力，13岁的少年正在把对事物的观察力凝聚成尖锐的甚至具有穿透性的洞察力。

❖ 13 岁少年更在乎眼前，凡事喜欢顺其自然

他往往"跟着时间走，让时间来决定一切"。正如一个少年郎所说的那样："我曾经想要快点长大，但是现在却希望长得不要太快，自自然然地长就好。"早先那种对未来的急迫渴望现在已经渐渐消散。他如今知道心急吃不得热豆腐，更愿意活在当下，活得更圆满。13 岁的孩子是天生的现实主义者，既以其所有献于生活，也以其所能取于生活。

12 岁的时候父母师长对他的褒奖之词，如今也不见了。不过，大家还是很欣赏他，通常也能理解他。我们常常听见父母说"她显然有自己的生活""他独自过活"。有些时候孩子的这份离群索居的确让父母感到伤心，觉得孩子把他们推到了门外。也有的父母很担心孩子这种离群索居的心态，忍不住想替他做些什么。很少有父母能够意识到，这就是应该让孩子离群索居的时候，这就是应该让孩子独自一人面对自己的时候。

并非所有 13 岁孩子在家里都一定会躲到自己的小屋里去。不过即使是那些仍然跟家人混在一起的少年，有时候也会在家里"走丢了"。他不再愿意参加以前喜欢参加的家庭活动，变得比以前更独立于家人的活动圈子之外。甚至他也比以前更独立于朋友圈子之外，而不再像 12 岁的时候那般跟在别人后面亦步亦趋。

❖ 自我认知透彻，敢于面对真实

13岁的少年开始对自己看得更清楚。首要的一点，是他更在意自己的外表了。这是他的自我的外部形象。镜子就像一块吸铁石一样把他吸在自己前面。他不但会把任何一缕乱发都梳理整齐，而且对衣服也变得非常在意，甚至可能会一丝不苟地打扮自己。

对自我的内在他也一样要详加琢磨。你可能会觉得一个13岁的少年郎突然变得很有洞察力，知道别人真正想的是什么。有时候某件事情正进行到一半，他却忽然退后几步做局外观，然后像一个成年人似的对自己的所作所为大笑一通。他的自我批评直接指向了他的内在自我，以及他的特征。他能意识到自己的自私、懒惰，明白自己太容易发怒，也不太了解他的同学朋友。他可能忽然发觉自己正在说谎话，也知道自己有时候无非是瞎编了一个故事让自己不那么难堪罢了。但是他会在内心深处让自己面对真实，并且去跟别人认错："我很恨我自己有意骗取你的同情。我编那个故事就是为了让你觉得我是对的，比利才是错的。"

不过13岁的少年并不会花太多的精力去做自我批评。他更在意的是怎么活出自己，怎么做好自己，怎么让自己感到满意。大多数少年都很善于罗列出自己的优点来：性格好，意志坚定，头脑聪明，有体育才能，等等。

❖ 非常注重自己的思维能力

这个年龄的少年已经开始注意到一个新的焦点：他的头脑，那里看来比其他任何地方都更像是自我所在的地方。有一个13岁少女对我们说，过去她曾经认为她的辫子就是自我的一部分，可是现在她却认为那只是外在的东西，对她不复重要。外在是可以改变的。一个人的自我，可以通过他的思维、良知、自我批评能力等活生生地表达出来。而这一切思维活动都发生于一个人的大脑之中，在那里"活跃着所有潜意识的思维和潜意识的活动"。我们还遇到一个男孩子，他对"头脑"是如此看重，以至于他对自己的同学做了一番评估之后，把其中更有智慧头脑的人干脆称为"头脑"，而且还用这称谓作为他跟朋友打电话时的问候语："你好，头脑。"

一个人的智识能力对他来说非常重要，以至于他会兴致勃勃地花很多时间来提高自己的语言表达能力。一本比较完善的字典可能成为少年人珍爱的东西，而且他还可能喜欢把一个个的词按音节拆开来，琢磨词根词源。这个年龄的孩子已经感受到知识的力量了。

❖ 安全感不足的13岁少年会过分敏感

有些这个年龄的孩子内心的安全感不是很充足，对于这

样的孩子来说，这并不会是一段沉静的岁月。他也许对别人
的任何批评都过分敏感，甚至因为害怕自己说不好，在给别
人打电话之前要先把自己想说的话写下来。他也许会对自己
很不满意，于是把自己想象成另外一个人，生活在另外一个
地方。这些孩子会通过自我逃离的方式来找到他的自我。

他对自己在学习方面的优缺点往往十分在意。一个典型
的 13 岁男孩，也许会一一罗列他的优点：有分析能力，头脑
聪明，考试成绩不错。他知道自己做事情有一股"不言放弃"
的韧劲。还有些少年对别人给予他的评价更为敏感，诸如他
为人友善，说话之前要先想想，不愿意伤害到别人的感受，
等等。对于自己的缺点，他也一样很清醒，知道自己有时候
没有好好去理解自己的朋友，有时候怒火升腾得太快，还有
的时候过于自私。他能意识到自己拖拖拉拉不肯去做事，知
道自己的懒惰。

❖ 注重"眼前"，对未来也有规划

13 岁的少年人过于注重"眼前"，以至于对未来的愿望
一条也说不出来，更别说我们习惯的"三个愿望"了。要么
就是反过来，假如他想不出什么具体"愿望"的话，他又会
说希望无论自己想要多少个愿望都可以实现。虽然不少孩子

的"愿望"仍然局限在对物质的渴望上，比如想要一套钓鱼用具、一个更好的家，但是已经有一些孩子现在会首先想到别人，然后才想到自己。比如说，我们有一个少女的愿望是这样的：第一个愿望是"希望这个世界上的所有人都能学会好好地生活在一起"；第二个愿望是"希望我能亲手设计我的家，包括家中所有的家具和用具等"；第三个愿望，这也许才是最重要的，"愿我有一个男朋友"。

对别人的苦痛的关心，尤其是身体疾苦的关心，是13岁少年的典型特征。不论是男孩子还是女孩子，他们都希望这个世界没有疾病。这个年龄的孩子也许还会很有全球观念，比如希望"消除核武器"。

13岁孩子开始对自己未来可能会从事的职业思考很多，常常会就这个问题跟自己的父母讨论。他会一一回想自己过去曾经想要选择的职业，然后一个个地推翻。比如以前很多孩子都希望自己能当护士、兽医、律师等等，如今很多人都改变了想法。有些13岁的孩子已经意识到，他首先需要一定的体验和阅历才能知道自己将来到底想做什么。由于13岁孩子目前追求知识的强烈兴趣，这时他们最为常见的职业理想是当一名教师。这些想要当教师的少年人很清楚他将来愿意教什么年龄的学生，也就是从幼儿园到自己目前这个年龄段的孩子。还有些新的职业这时也进入了他的视野，比如说心理医师、体育播音员等等。女孩子对婚姻和职业都有所考虑，不少人希望这两者能够兼顾，当然，大多数女孩子还是把婚姻放在首位。

我们所研究的这群 13 岁孩子当中，有 84% 的女生、88% 的男生打算将来上大学，而且这些人相当清楚他的选择方向，而且很看重大学能够提供些什么课程给他。不少人已经在考虑小型大学的优点。男女同校的大学看来更有吸引力。

13 岁的少年显然已经在考虑未来的婚姻。实际上，这个年龄段对未来婚姻的关注达到了一个制高点。86% 的女生和 88% 的男生打算将来结婚。男孩子有可能还没有想好对未来的妻子的品性该有些什么要求，只有少数男生希望"她"是个聪明人。女孩子则希望未来的"他"跟她有共同的爱好，而且希望别人（尤其是她的好朋友）能喜欢她未来的"他"。

至于说到对生养子女的看法，希望要两个孩子的仍然占主流，另外有 14% 的女生表示希望能有四个或者更多孩子。

6.人际关系：不愿与人为伍，
  喜欢独处

❖ 每段关系都影响孩子的性格

家庭也许是他与人冲突的首选地；朋友应该是动力和快乐的首要源泉；兄弟姐妹虽然会不断地给他带来麻烦、争吵、战争，但兄弟姐妹们既不是他与人冲突的主要对象，也不是他快乐的主要来源。以前，兄弟姐妹对他的重要意义在于给了他攀比、竞争的对象，给了他打架的对手。可是，随着少年人带着起伏跌宕的情绪变化渐渐走入了青春期，这个"对手"的作用变得越来越小，至少在某种程度上，兄弟姐妹对他的意义已经超越了家庭的范围。

随着孩子自我意识的不断变化，他和家人之间的关系也在不断发生变化。10 岁的孩子把家庭与自我都看成天生就属于他的；11 岁的孩子通过与人的冲突，尤其是与父母家人的冲突来寻找自我；12 岁的孩子很大程度上能与父母家人和谐相处，甚至能允许他们偶尔犯点儿错误；13 岁的孩子巴不得家里的人忽然统统人间蒸发了（虽然他可能因此而想念家人），因此整天藏在自己的小窝里躲避人，尤其是躲避自己的父母。14 岁的孩子，唉，所有能让他感到快乐与满足的人与事当中，家庭显然被他摆到了最末尾。

❖ 与父母的关系是青春期孩子首先要解决的关系

父母常常能给予自己那身处青春期的孩子以某种程度的理解，而且他们的判断相当准确。从 10 岁到 14 岁的这几年间，有很多值得父母担心的地方，也是很艰难的数年。孩童时期孩子最主要的任务是脱离父母的怀抱，靠自己的脚站起来，也就是说，从依赖阶段走入独立阶段。这一转变过程很少能顺利、惬意地完成。而青春期阶段，孩子与父母之间的纠葛更是比以往任何时候都要激烈。

其中的一部分原因，是因为年青人要为了从父母那里获得自由而与父母相抗争，可是与此同时他又在跟自己抗争。

要走向独立的动力固然非常强大，但是独立本身有时候就是一件很让人挣扎的事情。因此，夺取自主权的战斗不仅仅发生在他的外部世界（父母亲以及其他成年人），而且也发生在自己的灵魂深处：他既渴望自由的快乐，又离不了有人可以依赖的好处。

在我们谈及 10 岁到 14 岁之间更详细的家庭关系以及其他人际关系之前，我们想先大致上稍微描述一下年青人对家中的亲人有多少分歧，有多少不满。可能有人觉得我们对家家都发生着的这些事情过于悲观了一些。

可是，根据默里·施特劳斯和他的同僚们的研究报告，我们的描述已经显得太温和了。默里·施特劳斯指出，普通的美国家庭已经处于极端的暴戾之中。孩子们学得暴力的途径，并非如很多人坚称的那样来自电视，而是来自他们的家庭。

父母体罚孩子的时候，孩子体会到的是爱他的人就是打他的人。由于体罚常常用来教训孩子，用来教导他什么样的事情是危险的，做不得的，这又让孩子认为痛打家里人在道德上是正确的。

在一项针对暴力行为的综合调查中，通过来自美国两千多家庭的数据，默里·施特劳斯发现每 100 个家庭中，美国每年发生的暴力行为的次数如下：

夫妻之间：16 次

父母打孩子：63 次

孩子打父母：18 次

孩子打孩子：79 次

尽管随着孩子越长越大，动手打人的比例在逐渐下降，可是离不再动手教训人还是相差太远。

根据默里·施特劳斯的调查数据，不计小打小闹，仅仅计算打得比较厉害的暴力行为，比例仍然相当高：

3 岁到 4 岁的幼童，每 100 个孩子中有 74 个孩子打人；

5 岁到 9 岁的孩子，每 100 个孩子中有 64 个孩子打人；

10 岁到 14 岁的少年，每 100 个孩子中有 47 个孩子打人。

（译者注：这是 20 世纪 70 年代的数据，目前这个比例有所改变。）

默里·施特劳斯指出，很多行为如果发生在家庭之外，我们会绝不容许；但是在家庭范围之内，我们却把很多这类行为当成了正常的或者至少是必不可少的做法。他的看法很可能事实上就是如此。我们自己的看法，倾向于把家庭暴力看作是家庭生活的一个部分，谈不上好，可也是一个人不得不面对的一个部分。

他在报告中写道："父母对孩子打架的反应，针对孩子的不同而不同。自己的孩子打了别人的孩子，跟别人的孩子打了自己的孩子，这是两回事。如果别人的孩子打了自己的孩子，父母会大声喝止；假如那孩子继续狠狠打下去，则很可能告上法庭。然而，在自己家里，父母却多少年来一直容许兄弟姐妹之间的打斗。"

不幸的是，这样的打斗会一直延续到青春期后期。根据默里·施特劳斯的调查数据，62%的高三学生在该年度跟自己的兄弟姐妹打过架，但是同期内跟别人打过架的人却"只有"35%。

而且，不论父母多么有耐心，多么能包容，我们不得不承认有时候年青人的行为实在太过火了。这样的行为不但可能本身已经到了决不能容忍的地步，甚至还可能到了威胁甚至摧毁家庭生活的可怕地步。

如果情况严重到这种程度，假如我们一味强调15岁或者17岁的孩子或者随便哪一个年龄段的孩子处于很难相处的阶段，这样的话已经没有用了。倒是所谓的"地域疗法"可能会管用，比如说把孩子送到寄宿学校里去，或者送到别人家去寄养，常常能扭转情势。如果家里人不愿或者没有条件这么做，那么全家人一起去接受家庭治疗也有可能是一条出路。

针对迅速成长中的 13 岁孩子与父母之间的关系，下面我们会详细地描述。

❖ 与父母的关系：不愿妥协

假如 13 岁的孩子不是这么让人容易冒火地对待父母（父母的话还没有说完，他就迅速打断对方，扔下只有一个字的回答后转身离去），那么做父母的也许会更知道该如何跟这个年龄的孩子相处，该怎么接近他。13 岁的孩子不愿意就他在家中的地位妥协，但是他却很明白自己"对待家人远不如对朋友那么好"。只是他自己也不知道事情怎么会变成这个样子，迷惑中的少男少女对我们说："我也不知道为什么我们没法好好相处。"

不过，也有些 13 岁的少年人跟自己的父母相处得"挺好"，或者"还行"。这样的孩子往往知道妈妈其实能理解他、同情他，但是他仍然不愿意开口向她问问题，尤其是关于成长方面的问题。他可能会跟她聊聊发生的事情，尤其是发生在外面的事情；也有可能会来找妈妈评判孰是孰非，不过却又常常并不信任妈妈的裁决。他可能有些疑问想要找妈妈商谈，征求妈妈对处理朋友关系的建议，或者向妈妈抱怨学校的不是，然而他却又不愿意妈妈真找到学校去，为了自己挺身而出。不论妈妈能帮他解决多大的问题，他都不肯让妈妈出手。

我们有一位妈妈这么说："她是需要我，可是跟她以前对我的需要不一样了。我需要为她提供有效的以及有创意的途径，拓展以及维护她的潜能。我需要继续帮助她逐渐建立起一定的道德规范，并进一步建立起高标准的道德和价值观。"

13岁的孩子常常会因为妈妈而觉得无地自容，尤其是跟朋友在一起的时候遇到妈妈，或者在电影院、海边等地方跟妈妈在一起的时候，被他认识的人认了出来。可是，如果是在某个陌生的地方，比如一个遥远的城市里，在没有人可能认识他的情况下，这个年龄的孩子跟妈妈在一起则会融洽得多。

在家里，13岁的少年常常为了一些鸡毛蒜皮的小事挑剔妈妈，而且女孩子比男孩子更挑剔。比如说她的头发梳理得不够整齐，她出门时忘了涂口红（或者涂得太厚了），她的衣服什么地方不妥当，甚至她的字写得不够好，等等。

在大多数情况下，孩子跟妈妈之间的亲密关系冷淡下来，以及对妈妈的外观和言行的挑剔与指责，构成了他青春期叛逆的一个部分。

然而，实际情况可能会比这更为严重，尤其是某些女孩子在此期间朝不良行为扭转的话，就更是如此。有一个到我们的儿童诊所来接受治疗的 13 岁少女（不属于我们行为研究小组）曾经毫不含糊地对我们说，她只给她妈妈一个月的时间"改掉缺点"。我们问她，她妈妈知不知道她只给妈妈一个月的时间，她说："她不知道。她必须自己去改掉她的毛病。"我们问她，如果她妈妈一个月之内没有做到会怎么样，她说："我会收拾她。我要离家出走，也许还弄个身孕。"

可是另一方面，我们也看到不少家长对自己的 13 岁孩子太吹毛求疵。这样的批评太常见、太固执，只能用"唠叨不断"和"喋喋不休"来形容。最常见的批评包括要孩子保持自己屋子的整洁，帮忙做家务，改进餐桌礼仪，等等。爸爸可能会觉得孩子在学校不够用功，很多事情都是妈妈替孩子做了，太没有坚持不懈的精神，太游手好闲了，要多做些功课，练习乐器不够勤奋，脾气需要改进，判断力和常识逻辑也都需要改进，等等。爸爸指责女儿不讲卫生、自私自利等言辞可能相当伤人。这类批评指责完全不能增进家长和孩子之间的亲子关系。我们甚至有少数女孩子觉得遭到了父母的虐待。有些女孩子的心因此很容易受伤，任何一点批评都能让她掉眼泪。所有这些对于 13 岁孩子的批评可能都是很贴切的，但是，少年人既改不了那么多，也改不了那么快。有个女孩子曾对我们说："虽然我自己也想努力去改，但又觉得时间会改变一切。"

父母真的应该意识到他们需要时间。这个年龄的孩子处于向内吸收、向内退缩、向内反省思考的阶段。他的这种心态的转变、向内的专注，很可能使得他对外部世界充耳不闻。当父母呼唤他的时候，13岁的少年真的会听不见。一个明智的家长应该能够意识到，如果自己能做到不去打扰孩子，而只是在一边旁观，那么事情反而会好很多。而且父母应该进一步意识到自己需要更智慧、更合理地跟孩子相处，要把孩子当作一个成年人来对待，批评他的时候要更谨慎，而且要明白孩子这时很容易跟自己针尖对麦芒。如果父母意识不到这些，那么他只能感受到孩子对自己的粗暴、抗拒，甚至公开的怨恨，而这反过来又会促使孩子更加往内心深处退缩，更不可能对父母敞开心胸。

　　总的来说，13岁的孩子跟妈妈的关系比跟爸爸要好一些。他们大多数都认为自己跟爸爸的关系"有些不同""比较疏远"。不过也有个别女孩子在这个年龄第一次跟爸爸之间有了些温暖的亲情。还有，13岁的少年往往更敬佩自己的爸爸，也不会像挑剔妈妈那般狠狠地挑爸爸的不是。当然他也常常说爸爸总是太忙了、太累了，没有多少时间跟他一起做这做那，只是他不太会用一种抱怨的语气说这样的话。希望我们的爸爸也能抽时间陪孩子去打比赛、看电影、钓鱼、游泳等等。

实际上爸爸最"有用"的地方，是在孩子写作业遇到困难时伸手相助。少年往往会觉得"爸爸现在比过去好说话多了"，而爸爸却认为是孩子自己开始入门了："她开始动脑筋了。跟她一起做功课成了一件愉快的事情。"可能他们俩的看法当中都有一部分真实性在里面吧！

❖ 具体案例

当父母亲 11 点半回到家的时候，辛西娅已经走了。在她的床上有一张折叠起来的字条；地板上还有一张揉皱了的"草稿"，上面写着：

亲爱的弗兰克林和苏珊娜：

我已经离开家门，去寻找一个有人能够理解我、能跟我交流的地方。我知道你们俩一定会为终于甩掉了我这个讨厌鬼而庆幸。

我痛恨你们，而且我在这个家中再也待不下去了。

你们的愚蠢与伪善让我忍无可忍，我真希望你们也能体会到我住在这个可恶的家里所忍受的痛苦。也许只有老天才知道你们有多变态，你们把这个家搞得多变态。

我要摧毁你们，我要以摧毁我自己来摧毁你们。只有这样，人们才会明白你们是多么可恶的人。我痛恨你们，我痛恨你们，我痛恨你们！

终有一天，你们会明白你们犯下的错误，并会为之悔愧，因为你们居然没有在有我之前离婚。而至少，你们也应该在我去年这么跟你们说的时候就离婚。别了！也祝贺你们解脱了！

（签字）苹

而辛西娅那张叠得整整齐齐的字条，是这样写的：

亲爱的爸爸和妈妈：

不要担心我，我去了格洛里亚家，打算在她家住几天，理一理我的思绪。我在那里会很安全，而且我需要有一个像她那样能够跟我谈谈心的成年人。我在家里过得十分不快乐；我觉得如果我们之间拉开一些距离，这会对我们每一个人都更有好处。我知道你们关心我，我也想让你们知道，我也关心你们。我不是"离家出走"，保证会好好照顾

我自己。如果给我一些空间，我会把事情处理得好

一些。谢谢你们的理解。

你们的女儿：莘

  13 岁的辛西娅正经历着她生活之路上的巨大转折和压力。在这件事情上她之所以这么做，跟她成长中的许多因素有关，包括她天生的性格，以及其他来自她生活环境的复杂因素对她的行为所造成的复杂影响。通过这一事件，我们想要强调的是，辛西娅的爸爸当时也跟女儿有类似的心理路程，正是他的行为促使女儿走出了这一步。

  女儿将要跨入 14 岁时，他已经快要 42 岁了。他换了一个工作，这项新的工作让他看到了全新的自己，他的精力从此不再放在家庭上。工作需要他不断地出差，旅途之中的他很有成就感。而这跟他在家中的情形完全相反，在家里他简直什么都控制不了。辛西娅越因为他不着家门而愤怒，他就越感觉到这种"家中的我"与"工作中的我"之间的巨大反差。他重拾旧日的滑雪爱好，狠狠酗酒，而且有了一次艳遇，偏偏被女儿撞见。他的行为、他夫人的愤怒都从多方面直接影响了辛西娅的行为。但是，假如这前前后后的时间不是跟辛西娅成长历程中的危机如此巧合的话，家里的这些事情对她的影响可能完全不一样。实际上，不论是女儿还是父亲，

都同时经历着相似的、成长之中的挣扎，而爸爸的挣扎无疑使得女儿的挣扎更走极端。如果爸爸在女儿的内心如此挣扎之前已经先行走出了他的关卡而且沉静下来，那么辛西娅的最终举动一定不至于如此。

我们来拿辛西娅在那封揉皱了的信中逼迫爸爸妈妈离婚这件事情为例。这是她对自己最惧怕的结局的一种情绪表达——果真如此，她会失去一个稳定的、能帮助她成长的家庭平台。这也同时是她对希望自己能通过拆散父母来提高地位的一种心理表达。在她的挣扎与她的成长危机中，她的恐惧与她的希望都同时增长着。而她的父亲也在经历着自己的成长巨变，因此女儿的行为给他造成的影响更让他不堪一击。我们来描绘一幅场景：虽然两个人都在各自的瓶颈之中挣扎，但是他们彼此的挣扎都向对方施加了外力，结果使得双方的瓶颈都卡得更紧。

我们再来看看辛西娅揉皱了的信对她爸爸的影响。她在这封信中的签名是"莘"，其实再度唤醒了一个 13 岁的孩子对爸爸妈妈给予自己的名字曾有过的反感：她曾经很不满意父母给她起的名字太长了。辛西娅在好几本学校作业本上，在自己的牛仔服上签署了她给自己起的名字——"莘"，那是她首次公开当着她父母的面使用"自己"的名字。虽然她并没有意识到自己砸到了一个旧楔子上，可是她的这封信却仿佛已经为此怀恨了好几年。

从某种角度上来说，也算是。

琢磨往哪里钉楔子能"挑拨离间"父母，是很多年青人越来越熟练掌握的一项技能，因为这往往能让他达到自己想要达到的目的。从对父母"分而治之"的惯常把戏中，辛西娅得到了不少实惠。他俩通常都会在有关学校、成绩、晚间不许出门等规矩上联合起来，攻守同盟；但是，辛西娅总能找到些小缝隙成功"离间"她的父母而让自己逍遥自在：她的房间继续乱糟糟，继续"借"穿妈妈的衣服，继续她要的发型和打扮……她对衣服的直觉让她能伺机挑起一些父母的不和，而父母却对此懵然不觉，除非她语出犀利。

一旦她探测到在某件重大事情上父母的联盟有了裂痕，那么这道裂痕越是能把父母"离间"得更远，她就越是能乘虚而入。她总想着从父母的疑虑或者分歧中占便宜，这使得她越发相信，如果能让父母离婚，必将是她的最终胜利。

她近距离观察，她用行为给父母内心的安宁所造成负面影响，她认为父母的婚姻反正不可能维持得很好。更重要的是，如果挑拨离间成功，她肯定是主要受惠人；而如果父母真的离了婚，她可能成了大功臣，却也有可能被骂死。她对父母的洞察力，她凌驾于父母的力量，将因此而得到最好的证实；而与此同时，她内心最深刻的恐惧也将浮出水面。

❖ 与兄弟姐妹的关系：不喜欢被打扰

当我们13岁的少年想要从家庭活动中退出去的时候，通常来说更主要是为了躲避兄弟姐妹而不是父母。这也许是因为13岁孩子的神经很敏感也很容易蹿火，尤其容易觉得6—11岁的弟弟妹妹格外惹人讨厌吧！有一个少年郎这么对我们解释说："我正经历一个什么都让我觉得是打扰的阶段。"可是更多人的说法往往是，"这很难说得清楚"，他真的弄不明白为什么就这么难以跟弟弟妹妹好好相处。不论是男孩子还是女孩子，只要一说到弟弟妹妹，就都是这副腔调，"被宠坏了的小屁孩""讨厌的家伙""烦人精""让人头疼得要命"。那些讨厌至极的小家伙毫无疑问真的"惹人心烦"，专门"戳人的短筋"，成天"打扰人家"，而且还要去捣鼓"人家"的东西（这种情况看来比较少，对此的抱怨不像前面几条那么多）。

13岁的少年自己可能还意识不到，实际上他常常在弟弟妹妹面前把自己当作一个成年人，想让他们乖一点，表现好一点，而且还要按照他13岁的标准去做事情。他常常跟弟弟妹妹为了一些"鸡毛蒜皮的事情"或者"屁大点儿的事情"争吵。通常来说，兄弟姐妹之间的角斗往往以"斗嘴皮子"的形式出现，而且往往是斗着玩，可也有闹得当真了的时候，这就需要父母的介入才好。

尽管弟弟妹妹惹人心烦，可是，13 岁的孩子却并不希望他们都蒸发掉。他也许会希望他们变得更小一点或者更大一些，而且他也真的觉得正是有了弟弟妹妹他才不至于把自己惯坏了。男孩子尤其希望能有个跟自己一样大的弟弟，不过他却意识不到哪怕家里真有这么一个亲密的弟弟，他们之间仍然免不了出现很多矛盾。

跟 5 岁以下的弟弟妹妹之间的很大的年龄差距，使得他自然而然地把自己当作一个成年人。他不但乐意照料小家伙，而且还会逗他们玩，跟他们相处融洽。

13 岁的少年人跟哥哥姐姐相处得也不错，尤其是跟 15 岁以上的兄长。他们之间可能还是会斗斗嘴，但是这种口角往往不需要家长出面就能自行解决。他可能会嫉妒哥哥姐姐占了更多的便宜，但是总体来说，他们开始享受这种相互作伴的感觉。他可能终于觉得哥哥真有个哥哥样，姐姐也真有个姐姐样了："她真的像个当姐姐的了。"有时候这些哥哥姐姐真能给他带来不少方便，比方说，他可以找兄长谈谈心，商量商量事儿。但是，如果哥哥姐姐的批评太伤人了，13 岁的孩子还是会寻求报复。比如说，有一对兄妹，哥哥批评妹妹不该画画，13 岁的妹妹于是对我们宣称："哼，我一点也看不上他自诩为警察的那副德性。"

❖ 与同性朋友的关系：有少数几个密友

这个年龄的男生和女生跟与自己同性别的朋友之间的关系，和12岁时相比出现了比较大的变化。首先是13岁的女孩子意识到自己不再是一大群少年的跟班，而是有了好几个属于自己的朋友。正如一个女孩子自己所说的那样："去年我们一帮子人像是一个团队。后来我学到了一些教训，如果你真想要交朋友的话，你就别去做团队的跟班。"对这个年龄的少女来说，友情非常重要，她需要有人可以倾诉，可以分享自己的秘密（尽管以我们成年人的标准来说，她说出去的秘密已经不再有多少机密可言了）。

女孩子一般喜欢三个人结伴而行。这种"三人组"往往变成"二人组"，因为三个人当中总会有两个人联起手来对付第三个。尽管这样的把戏常常只是玩笑，13岁的小姑娘指责起别人来的时候有可能相当尖锐，哪怕是对自己的好朋友。有个小姑娘的话很贴切："好朋友之间总会有些争执，她们对你了解得越多，对你的批评也就可能越多。"

13岁的少年郎一般不会像女生那样，几个密友成天黏在一起。他们多半会结成四五个人的小团队，每个人都觉得其他几个人是自己最好的朋友。女孩子需要有个能相互传递秘密的亲密氛围，而男孩子却不太这样，他们更在意的是几个好朋友在一起做些什么事情，而且他们常常根据自己从事的活动结成一个个的小团队。朋友们往往一起在学校里忙活，当然也有些时候他们一起在校外做些什么事情，比如说一起去看电影、打球、打猎、钓鱼等等。但是男孩子相互在对方家里过夜的情形要少很多，尤其是他们本身就觉得这样的做法是"女生的勾当"。

少年郎难免也会跟自己最好的朋友生气，不过总的来说他们相处和谐，假如出现什么冲突的话，他们自己就能和平化解。实际上13岁少年郎很少有什么矛盾，尤其是一起打比赛的时候，每个人都愿意给自己的每个朋友都留出机会来。

❖ 与异性朋友的关系：女孩更喜欢与异性相处

13岁的沉静风格，在他跟异性相处时显得尤为突出。有些女孩子开始觉得她的男性伙伴个头不够高，人也太不成熟了（这多么不幸啊）。她提及这些男生的时候，常常用"迟钝""白痴""最笨的舞伴"这类词汇。不过她也必须承认，有时候有些男生也"挺可爱的"。她也知道男孩子会逗得她发笑，显得傻里傻气，因此很想能控制自己。不少13岁的少女要么有了她感兴趣的男生，要么就有男生对她感兴趣，只不过这种彼此的兴趣常常会发生变换。女孩子会留意到自己的朋友当中有的喜欢男孩子，有的不喜欢男孩子；她也会留意到姑娘们之间围绕男生的话题不再像以前那么多了。现在，她们"会谈论男生，可也会谈论很多其他事情"。

如今只有大约⅓的女生还忙于"谈朋友"，大约一半的女生表示开始稳定下来，或者已经稳定了下来。几乎所有"谈朋友"的女孩子都有了"亲热"动作，不过，我们约谈过的13岁少女当中，有大约¼的人声称她知道有些女同学"已经那个了"。

某些男生对女生的看法是，"我的朋友可以有他的女朋友，但是我不需要""我现在不会再花半点时间在女生身上了"。甚至少数几个走得比较极端的男生会宣称"憎恨女人"。有个男生说："女生可能真的挺可爱，也可能表里不一。我并不觉得她们令人讨厌，我只是对此毫无兴趣。"

至于"谈朋友"的情况，男生和女生差不多，大约⅓的男生跟女生"约会"，大约一半的男生表示开始稳定下来，或者已经稳定了下来。

❖ 派对上的人际关系：女孩更热衷于派对活动

13岁孩子在派对上的表现，总的来说已经比12岁的时候大有进步。用男生自己的话说："我们不再乱搞一气了。"但是，如果没有父母的监督和事先的周密安排，男孩子们到了最后还是有可能胡乱扔东西。而且看来总归会有一个男生瞄着电灯开关，随时准备在他认为合适的时候把灯熄掉。

少女们通常都很向往这样的聚会，而且往往会早早到场。男生则拖拖拉拉落在后面，甚至在别人都到达之后才姗姗来迟。在派对上，有时候男生可能全都躲进了某间屋子里，只有女生在那里跳舞，这样冷场的局面让你不禁怀疑他们是不是真的在开派对。而正是这种时刻，往往最需要你的组织能力，出面把孩子们的聚会引入轨道之中。

派对一旦开起来，有可能随着气氛的升腾而变得有些过于喧嚣，这时候除了一定的控制技巧和洪亮的声音之外，最好还能有一个司仪把持局面。有奖有罚的游戏，是我们尚不够成熟的 13 岁少年所需要的活动。任何奖品都行，游戏的乐趣更为关键。有⅓到½的少年人加入了喝含酒精饮料的行列，至少也会偶尔喝一次。看来大多数这个年龄的派对上毒品还没有蔓延进来。可是，那也已经不远了。

7. 活动与兴趣爱好：对感兴趣的 事情满腔热情

❖ 对过去喜爱的事情想转变态度不容易

妈妈这时会告诉我们，她的 13 岁少年开始把一些"小孩子的东西"放到一边去了。不过这还只是一个开始出现的趋势，而并非真的不再碰那些东西了。没错，13 岁的少年人已经意识到他们已经"长大"了，不再喜欢某些类型的书。以前他会拿这些书去换图片，现在连这个兴趣都没有了。还有，过去他曾经一度对神秘类的故事十分痴迷，现在却觉得此类故事"好无聊"。

不论是男生还是女生，都注意到了自己已经开始的变化。

但是这并不意味着他们不再喜欢看弟弟妹妹的漫画书了，他可能只是不再自己掏钱去买这些书了而已。有些少年其实很清楚地知道自己还在玩小孩子的东西，甚至很满足于继续玩这些东西。

要开始某些转变，有时候并不是件容易的事情。正如一个13岁少年所说的那样："我觉得我应该有所进步。有些事情一直在原地兜来兜去，我从来没能让自己有所进步。"另一个孩子说："我喜欢做些傻乎乎的小孩子做的事情。我喜欢假装骑着一匹马蹦来蹦去。"还有一个对成年人感兴趣的话题并不是很了解的孩子，老老实实地说："我喜欢的事情可能会让你大吃一惊——我特别喜欢侦探故事。"

不论他感兴趣的东西已经属于更成熟的青年人，还是仍然属于很孩子气的东西，13岁的少年总归有很多事情可忙，而且还可能在他喜欢的一些活动上尤其忙得兴致勃勃、满腔热情。他有可能把这份热情倾注到一条小狗、一匹小马上，或者倾注到体育运动上，甚至是跟踪摇滚明星或者电视明星的八卦上。

❖ 户外活动

不少13岁的少年是"除了打球什么都不想""球疯

子""只顾着玩球了"。哪怕一些运动细胞不怎么丰富的孩子，有时候也会因为玩得太厉害而几乎累晕过去，因为他要竭尽全力。13岁的孩子虽然对橄榄球的兴趣丝毫不衰（为了女生而玩橄榄球），但是也开始青睐于篮球、曲棍球等运动。对棒球的兴趣不再像过去那么浓厚，但是看球的兴趣却更为浓厚，不论是看电视转播还是在球场边上观看实战，他都会觉得很过瘾。

不论以前他小的时候选择了哪种体育运动（帆船、滑雪、滑冰、网球、高尔夫等），现在都已经显得相当在行，甚至可以说技艺精湛。有些女孩子仍然喜欢马术，不过总的来说没有过去那么痴迷了。喜欢打猎和钓鱼的男孩子也没有以前那么多了。

❖ 室内活动

对室内活动的兴趣，男生和女生的不同越发明显，他们各自的兴趣与爱好已经有了一条越来越清晰的分界线。男生的兴趣爱好比女生更为突显。他们对摄影的兴趣陡然高涨，现在已经开始学习显影以及放大的技术，许多少年郎都积攒了足够的资金购置起自己的摄影暗箱。他们也继续对各种模型制造兴趣浓厚，尤其是迷你赛车。除此之外，他们还喜欢设计制作自己的汽车、火箭、飞机等。有些孩子变得不太热衷于自己动手，而更喜欢去观察。对汽车设计的线条是否准确的观察能力，甚至也可以升级为他的一种爱好。13 岁少年鹰一般的眼睛，能够捕捉到设计中的每一根线条的功效及其交错。

女孩子的兴趣则集中在打毛线、做编织以及针线活儿上，而且往往是给自己做些什么东西。她们也有可能涉足摄影或者收音机领域。女生还很喜欢通过绘画与写作来展示她们的创造力。如果有时间的话，她们还会选择去上音乐课、艺术课、舞蹈课等。不过少女们还是需要很多时间跟自己的朋友"谈心"，或煲电话粥，或促膝而谈。

对各种小东西的"收集癖"似乎已经过劲儿了，唯独收集邮票可能还会有人感兴趣。

对了，不论在青春期中的哪一个年龄段，煲电话粥都是青少年们的一项很主要也很耗时间的兴趣爱好。

❖ 俱乐部以及露营活动

孩子们的秘密俱乐部有的可能延续到 12 岁，但是到了 13 岁的时候，他在这方面的兴致忽然急剧下降，对童子军的兴趣也是一样的情形。俱乐部、童子军，忽然一下子变成了小孩子的把戏，很无聊……除非童子军的活动组织得非常好。

年青人对露营的心态，格塞尔博士曾经描述道："年青的露营者从中既得到最消沉的感受，也得到最大的情感满足。最消沉的时候，是孩子禁不住思乡之情，不喜欢露营的时候；最快乐的时候，则是他遇到了一个很好的领队，一大群很好的营友的时候。"

要不要送孩子去露营，家长应该首先考虑孩子的个性以及喜好。稍微给孩子一些压力也许能让事情顺利进行，但是如果年青人已经厌倦了露营，甚至痛恨出去露营，那么父母最好不要再一味强迫。有些孩子天生就特别喜欢露营，可有的孩子则天性相反，而且你没法把他锤炼成他不喜欢做的人。

❖ **阅读**

读书的兴致有所提高，阅读量也有所提高。虽然仍有人继续不肯读书，但是大多数人都喜欢每当有空闲时间就读读书，而且喜欢的书他会一遍又一遍反复读。

比较偏爱有情节、有动作的书，读成年人小说的孩子渐渐多了起来，只是书中的"感情戏"他常常会跳过去。

喜欢的书籍：这个年龄喜欢的书丰富了不少，主要包括经典作品、侦探故事、成年人的小说、某些动物故事还有探险故事。男孩子一般都格外喜欢体育方面的书籍和杂志。

漫画书：只有大约一半的孩子看来还继续读这类书，而且也没有谁再继续沉迷其中，更没有谁沉迷于收藏了。对漫画书的兴趣越来越淡，有些人只是偶尔看一下而已（"我不再买了，我只是看看我妹妹的书""已经不再有兴趣了"）。

杂志：杂志读得比过去多了很多，尤其是《幽默》《国家地理》，有关摇滚乐的杂志，以及许多面向青少年的杂志。最受欢迎的主要是体育杂志、电影杂志，以及一些成年人杂志。

报纸：大多数人现在都读报纸，少数人甚至从头读到尾。最喜欢的内容仍然是幽默搞笑、新闻、体育，而且依然是这个顺序。不过也有很多人开始对其他版面感兴趣，例如有关收音机、电视、电影的新闻，还有广告、失物招领、特写、交际以及专栏等等。

❖ 需要久坐的视听活动

13 岁孩子坐在电视机前的时间大大减少，这往往使得父母大喜过望。我们所研究的这组 13 岁孩子所声称的看电视的时间，女孩子平均每星期不超过 15 小时，男孩子平均每星期不超过 20 小时。女生喜欢的节目包括喜剧以及肥皂剧，男生喜欢的节目有喜剧、动作片以及体育等。

有些孩子可能更偏爱听收音机，不过大多数孩子两者都非常喜欢。少年们尤其喜欢把音量放得大大的听摇滚音乐。有时候，收音机里放什么他就听什么。他有事没事就会打开收音机或者电视机，看看里面都有些什么内容。13岁的孩子喜欢一边忙活手里的事情，一边享受背景音乐。现在越来越多的人喜欢听唱片或者磁带里的音乐。

跟12岁的时候一样，13岁的孩子对看电影颇为挑剔，通常只看他认为"好"的电影。如果一部电影没有什么特别之处的话，他宁愿到外面去打球也不要去电影院。如果要去电影院，他愿意跟自己同性别的朋友结伴而去，不过到了那里之后，也许会遇见一个异性的朋友，他会邀请对方跟自己坐到一起看电影。

❖ 吸烟、喝酒、吸毒

吸烟：84% 的女生、68% 的男生现在承认他自己或者朋友吸烟。这个年龄的孩子吸烟，可能是为了跟着朋友"合群""随大流"，但毕竟开始蔓延开来。

喝酒：大多数人现在都认为成年人喝点酒没关系，只要别"太过分"就好。66% 的女生、64% 的男生声称他们有些朋友喝酒。

吸毒：这时候，在报告中承认自己或者有朋友使用毒品的人，比例已经增加到了几乎一半：46% 的女生以及 48% 的男生。

按照大多数人的说法，他们（以及别人）或者偶尔为之，或者说不清楚别人吸毒的频率在什么程度。大麻是这个年龄组的孩子唯一被频频提及的毒品种类：30% 的女生以及 42% 的男生。

另外有 30% 的女生、22% 的男生声称，他们的同龄人当中有人因为吸毒或者喝酒而招惹了麻烦。

8.学校生活：专注学习，热爱校园

学校中的世界，是一个单独的世界。虽然我们自己办幼儿园的经历十分愉快，我们在小学的工作也很令人增长见识，但是我们对于 13 岁到 14 岁这个年龄段的孩子，了解得却相当有限。这个年龄的少年人不愿意跟成年人谈论他们在学校里的经历。

因为不能更好地了解在学校里都发生了些什么事情，这限制了我们对青少年成长发育的探索。在初级教育阶段，也就是从幼儿园到大约小学三四年级的这一阶段，孩子的生理年龄和行为年龄是一个相当明显的线索，让人很容易预知他会在学校的环境下怎么行动。而对年龄我们已经研究很多了。可是随着孩子越长越大，有两方面的因素会给孩子在学校里的表现带来越来越大的影响。

其一，是个体差异随着年龄的增长越来越明显。诚然，哪怕幼儿园的小朋友也会有他明显而独特的个性。但是，一个智力水平不怎么样的孩子，在幼儿园甚至在小学里，既不会显得如何突出，也不会显得多么落后于他人，然而一旦进入了更高年级，情形就不一样了。还有，因为根本不读书或者不怎么爱读书而带来的负面影响，在小学高年级的时候往往造成孩子学习能力发展的不均衡，可是在小学低年级却显现不出多少差别；接受能力慢的孩子跟人们所说的天资卓越的孩子相比，他们之间的差异，小时候也同样并不明显，但是到了高年级就会出现巨大的差距。

其二，是环境差异的影响。虽然环境差异在任何年龄段都是一个很重要的影响因素，可是，在课后托管中心里，即使孩子的家庭背景各不相同，他们也常常能和谐相处，在这里你很少看见粗野的打闹行为。然而，13 岁到 14 岁这个年龄段的大孩子，却变得大不一样。《黑板林立》以及《星期五别把老师推下台阶》这两本书中所描写的那种十分糟糕的学校，那种不论老师还是学生都会遭到殴打甚至杀害的可怕学校，至今仍然存在，比如说，在中西部静谧的城市郊区就有。在那里，可真是一个不同的世界。

我们跟三四岁的幼儿园小朋友说话时，可以相当自如，相当有权威。但是，跟 13—14 岁的孩子讲话，却不再是这么回事。

一方面，很抱歉在描述孩子的学校表现方面我们实在有所不足，因为我们缺乏探索青少年成长发育的更好路径；但是另一方面，我们还是要把我们所获得的有关这些年青人的学校生活的信息告诉你。这些信息均来自我们跟家长、学校老师，以及跟我们的年青人本身的晤谈。

❖ 在学校的表现更加沉稳

"世故圆滑""更为矜持""越发沉静""有良知感"，诸如此类的形容，都能让人感觉到13岁的学生真正朝内向转变了许多。那曾经总是动作迅速、匆匆忙忙、炽热四射的12岁孩子，如今变得克制了很多，投入到了更有条理而持久的专注学习之中。他远远地看着滑稽小丑般的12岁少年在学校大厅里相互追逐，伸手从对方衣服上随便抓过一个什么能抓住的东西，然后更狠狠地追来追去。13岁的男生把这称为"小孩子的把戏"。可是，他虽然不至于还像当年那样以此为乐，却会因为没有本事排成一队直线而声名狼藉——小伙子们总喜欢跟旁边的人推来搡去。他当然还是会从同学身上一把揪下个什么东西，不过不会随便乱来了。

13岁少年的学校生活跟过去相比，应该算是更为快乐的了。他认为自己"今年显然好得多了，顺溜多了"。为了证实这一看法，他也许还会再加上一句："这个更好，也许是因为我更愿意学了；不过在我看来，应该是他们教得更好了吧！"

开朗的、健康的、不怎么懂得克制自己的七年级学生（译者注：指 12 岁的孩子），如今面貌一新。可是，少年人的能量也许总是不够持久，有时候他们会坐立不安，不论墙上是否挂着一个钟，都会再三反复地问："现在几点了？"

现在的他更善于安排时间，专注力更为持久，自我克制更有效果。13 岁的学生有了更强的责任感，更值得你信任。老师会因此觉得自己的教学更投入，更得心应手。

可是，13 岁的少年不会让你立即看到他的这些进步的优秀品格。他似乎要把这些优点隐藏起来，直到能够充分展现的时候，才肯最充分地展露出来。他觉得自己如今已经长大成人了，因此希望别人能把他当作成年人来对待。假如有人披着权威的斗篷装腔作势，他会十分反感。他希望别人能把自己当成独立的人来看待，更愿意做独立自主的人。如果别人以权威来压他，这显然会惹恼他。然后他又常常在事后不得不十分尴尬地回到老师身边，请求老师的帮助和指点。

这时候，如果老师还希望学生今后愿意回来找自己求教，那么一定要以尊重的心态对待学生，千万不能摆出一副"我早就告诉过你了！"的嘴脸来。不过呢，假如一个 13 岁的孩子不肯学习某些比较困难的功课，比如说复杂烦琐的英文语法，他会觉得那太费力气了，而且"我这一辈子都不会用得上"，那么他这几乎是在恳求你拿出老师的权威来了。一个有权威的老师这时候应该这么说："这世界上有些事情你想做也得做，不想做也必须去做。"

❖ 学校成为 13 岁少年的主要社交场所

13 岁的少年喜欢早早来到学校，这样既可以让自己的心慢慢放到功课上来，又可以去找朋友聊几句。实际上，学校已经在某种程度上变成了孩子的社交场所，他可以一整天在那里从事各种社会交往，包括去见见朋友。

如果早晨上学需要搭乘公共汽车，13 岁的孩子通常来说会比 12 岁的时候显得更为沉着。但是，他有时候也会吵吵闹闹，用他那高音大喇叭一般的刺耳声音，在大厅里跟他的朋友大声打招呼（当然，主要是跟他同性别的朋友）。朋友之间似乎总有说不完的话：下一次的派对，这个周末的打算，谁跟谁好上了，等等。他们之间亲密的感情常常通过身体上的接触宣泄出来，比如相互推来搡去，或者伸出胳膊环绕在朋友的肩膀上，诸如此类。

篮球运动在一部分孩子当中更受欢迎。打篮球所要求的连续不断的动作，队友之间的配合，准确的投篮动作等，都能满足他对反复练习的强烈渴望。室内体育运动、摔跤等也很受欢迎。放学之前安排一段自由活动，可以给喜欢运动的学生更多的机会来参与体育活动。

学生在剧烈运动之后，自己需不需要，或者老师应不应该要求他去冲个澡，这仍然是个问题。如果让孩子自己来决定的话，恐怕大部分人会认为没有这个必要而投反对票。他不觉得需要洗干净，而且讨厌又要脱衣服又要穿衣服。假如他的身体发育不够成熟的话，他会更不愿意当众赤身裸体。

❖ 特别在意老师对自己的态度

13 岁学生在课堂上的举止表现，跟他们对老师的态度有密切关系。而学生对老师往往又非常吹毛求疵。他可能会因为她"把我们当人看待"而喜欢她，却也有可能讨厌她，说她"侮辱人""总是批评人""总是要打断我的话""太严格了""太不严格了""她的课太无聊了"，或者"她总是拿我们来开玩笑"。可是，他又喜欢老师说话风趣，甚至来几句善意的嘲讽。

一个老师是不是好老师，13 岁的少年似乎有一种直觉。好老师跟他之间好像有某种联结，他仿佛知道老师在说些什么，而且往往能自觉遵守纪律。要让 13 岁的学生尊重一个好老师，看来完全不是什么难事。

但是，如果学生不尊重老师，那么他们会逃避学习，而且还会在一群人的配合之下对老师恶作剧。这个年龄的孩子会在平静的表面底下跟老师暗中较劲。在某些学校里，学生的恶劣行为甚至可能太过分，而不再是少年人的普通鬼把戏。

校长是最不招13岁的少年待见的人物，因为他不但代表了权威，还要常常行使他的权威。一说到他的校长，这个年龄的孩子评语往往是"自以为了不起，在学校大厅里趾高气扬地翘着个公鸡尾巴，颁布一些很愚蠢的校规，有事没事还要来一段演说"，要么就指责校长"总是跑到教室里来，瞎捣乱一气"。

过去，一个老师是否受欢迎，往往跟老师上什么课有关。可是现在，老师本人和其所授的课程不再混为一谈，也就是说学生们可能喜欢某个老师，但是不喜欢老师上的课。这表现出了13岁少年把事情区分开来单独对待的能力提高了。

一个班的学生更像是一个整体，每一个成员都比过去更为沉着镇静。尽管要让13岁的学生静下心来并不容易，但一旦静了下来，他们大多都能专心学习。在有些情况下，他们各个都显得专心致志，仿佛周围的喧闹与他们毫无关系；但是在另外一些情况下，旁边教室的吵闹会干扰他们的注意力，而且一个总是打断他学习的老师也很让人觉得烦。

❖ 对各科目的喜好程度不一

在各项学科之中，13 岁的学生并不讨厌学习英语，但是大多讨厌学习语法。很多人既弄不懂这东西，也不明白学习语法有什么重要意义。有些人非常喜欢写作，想象力十分活跃，有时候说得比写得更流畅。有些学生特别喜欢写围绕他自己的主题，也很喜欢听别人的自传故事。他的表述比过去容易了很多，这使得书写不再像过去那般是一桩苦差，而他们和笔友的交往也因此比过去更容易维持下去。他不但在遣词造句方面显得比过去驾轻就熟了很多，而且他的书写本身也变得熟练了很多。学生们的书写能力比过去更为统一，只不过他们的字往往都写得非常小，害得老师叫苦连天。

在阅读方面，男生喜欢体育类以及探险类的故事，女生喜欢跟自己年龄相仿的青少年的故事，而且喜欢很容易让人产生联想的标题，例如，"咱星期四见""小金女"等。有些女生这时仍然喜欢动物小说，尤其是有关马的故事。而且，她们对自己喜欢的文体也有了越来越明确的认识。

13 岁少年最重要的特点之一，是他愿意尝试新的东西。那些喜欢算术的学生，虽然有可能认为这是最难学的功课，可仍然乐此不疲。比如成功地解决了一道难题，这会让他很有成就感。男生尤其喜欢回过头来检查一下自己的作业，而且喜欢动手做实际的测量工作。新接触的代数（甚至如果他学得快的话，已经开始学几何），他会学得如饥似渴。

他也很喜欢社会学，因为其视野比过去更为宽广，已经涉及了世界性的话题。他喜欢阅读报纸、新闻杂志，也喜欢揣摩卡通教学片中的意思。他喜欢在讨论课上展开讨论，而且走出了一年以前单纯的非黑即白的辩论模式，开始更多地领悟到了灰色地带的意义。他渐渐进入了政治史的领域。

13岁的学生仍然对太阳系和宇宙空间感兴趣，也对自己身边的环境，例如天气感兴趣。原子与核能，尤其是对核能的和平利用，现在也引起了他的兴趣。原来核能除了可怕的爆炸之外，还能有那么多的用处。他也开始对自然产物以及人造产品感兴趣，例如煤炭以及塑料。科学实验最能引发他的好奇心，他不但热心参与，而且还想亲自动手做演示。学校应该为学生提供足够的设备和条件。他还注意到了科学的新分野，尤其是心理学领域。电脑也很让他着迷。

13岁的孩子对各自的兴趣爱好越发感兴趣，学校未来的课程设计和课外活动应该能够满足孩子的需要。这些课程应该尽可能地根据每个学生特殊的兴趣爱好做单独辅导。例如音乐课，尤其是某种乐器的演奏，有的孩子特别感兴趣，可是其他孩子（尤其是男生）却觉得定期的音乐课实在是让人厌烦。绘画课也一样可能遇到这两种极端的情形。如果学校有合适的设施，男生往往更愿意研究收音机或者电脑。

在手工制作课上，13 岁的少年有可能因为对自己的信心而反驳老师的见解，总的来说，他们都是出色的工匠。他们加工金属件的时候，甚至可以遵照老师的要求，经过锯、锉、钻等工序，做出一把铁榔头来。

在家政课上，虽然开始的时候他可能抱着一种优哉游哉的心态，可是一旦着手于某个具体项目，他们又个个争先恐后抢着做。虽然学生使用打蛋器的方向可能是反的，或者刀刃的方向可能是反的，可是他们常常能相当成功地做出满桌的饭菜来。

尽管人人都说 13 岁的少年牢骚满腹，但是他的牢骚并不影响他在学习上的能力。有些人开始上课的时候可能显得有些过于好动，比如说把腿伸到走道中去，找别人说话，左摇右晃，削削铅笔等，不过一旦开始进入状态，他完全能够很专注地学习二三十分钟。很多人愿意当堂完成老师布置的课堂作业，而不是带回家去慢慢做。

如果他真有家庭作业，那么通常来说他会尽职尽责自己去做，而不会像 12 岁时那般离不了家人的帮助。不过，假如有一个需要耗费时日的项目，他可能会突然觉得时间不够用了而抓瞎。这时候他会张皇失措，觉得自己可能完不成那么耗时巨大的任务。但是大多数孩子能够合理地安排好自己的时间，而且最终完成任务，当然，也许会是在父母的帮助之下完成的。

一天的繁忙功课结束之后，如果不急于赶车的话，13岁的少年人可能喜欢聚在锁柜间聊聊闲天，而不再像11岁或者12岁时那样急匆匆往外跑。(译者注：中学的孩子不再有自己固定的课桌，而是往返于不同的教室去上不同的课。因此，他们的书包、衣服等东西都集中放在锁柜间里，每个人都有一个带锁的柜子。)

9. 道德意识：极端和高标准

❖ 道德标准的制定不是出于为自己考虑

跟 12 岁时相比，13 岁的孩子进入了一个更为复杂的道德领域。他更少会从怎么做对自己有好处的角度来考虑事情，更多从道德的角度出发来考虑该对别人怎么做，对自己怎么做。凭着对道德的更高定义，13 岁的孩子甚至能表现出一些相当极端的、高道德标准的行为来。比如说，有些清教徒式的、过于古板的女孩，她可能会一丝不苟地说实话，会过于极端地强调是非观念，会对违背了已经建立起来的道德水准的行为丝毫不能容许。可还有些 13 岁的少年（多半是小伙子），却依然会我行我素而不受良知的谴责，而且行为往往可能越轨（针对已经建立起来的道德水准而言）。但是，对大多数13岁的少年来说，要做出符合道德要求的决定来已经比过去容易多了，更加成形的道德感如今让他享受到了新的自由。

❖ 有自己的判断力

对于孰是孰非的问题，他的评判不再过于两难。大多数13岁少年可以"说得相当明白"，而且常常能够"不再有什么为难"地得出结论。有些人仿佛自然而然有了结论，更有些男孩子居然会以一种确凿无疑的语气声称"我从来就知道"。这个年龄的孩子已经明白，有各种不同的力量左右着他：他的良知感、父母的看法以及"别人会怎么想"。除此之外，还有一股新的力量在起作用，他把它称为他的"判断力"。但是，尽管13岁的孩子很明白什么是对什么是错，但这并不意味着他从此不会再做错事。干点儿坏事的乐子仍然潜伏在某个角落，尤其是在学校里干坏事。而且，就算他又"钻进了那栋没人的空房子"里，可是只要他没搞什么破坏，你真的认为值得为此而批评他吗？

❖ 善于修正自己的内心世界

13岁的少年已经在相当程度上把自己的良知感当作了自

我的一个部分。他能意识到自己的良知感常常起作用，而且相当坚定，实际上是非常坚定，尤其遇到大是大非问题的时候！他也知道在小事情上不必太拘泥于自己的良心，甚至有时候能够让自己"从一些很小很小的麻烦中逃脱出来"。可是假如他伤害了别人，也就是说他存心的时候，他的良心就会毫不犹豫地立即站出来。

13 岁的孩子对于什么是相对的真实，已经有了更充分的了解。他既想努力做到诚实，又很愿意说实话，不过有时候只肯说出一部分的实话来。有些情况下他也会说些"善意的谎言"，比如说为了替朋友留个面子，也为了给自己留点脸面。他尤其不愿意跟父母提及自己考了低分，尽管他明知道父母并不会因此而"痛打落水狗"。他往往会有意回避一些问题，或者找一些借口，诸如他的答卷还没有交上去，或者借故分散父母的注意力，以图能够糊弄过去。不过大多数情况下，假如他知道自己的谎言会伤害到另一个人，他还是会说实话。

13 岁少年在接受别人指责这一方面，也有了很大的进步。当他知道是自己的不是的时候，他能够承担责任，而且开始能够认识到自己的缺点。不过，有时候他还是受不了别人的谴责，觉得"把事情推到别人身上"反而更容易一些。可是另一方面，公平意识对这个年龄的孩子偏又格外重要，而且他尤其在意老师或者父母是否做到了公平。

跟 12 岁时一样，13 岁的少年很少为了吵架而跟父母争吵。他有可能是为了吵着好玩，可更多情况是为了争取到他想要的东西。如今他们大多有了足够的能力跟人好好商量，而且对一些社会问题也相当有主见。他认为自己愿意听取别人的道理，可实际上别人很难说服他，或者让他改变看法。他也许能够遵守父母的要求，因为他觉得应该那样，甚至有时候不惜违背自己的意愿。但是一般来说，你还是很难说服他。

❖ 不良的生活习惯让 13 岁少年很难接受

跟 12 岁时相比，有的 13 岁孩子对骂脏话更看不惯。他会觉得这种行为"非常糟糕""没有教养"，尽管在某些情况下他也会觉得那是"可以原谅的"。他们大多想要努力做到自己不骂脏话，不过有些男孩子会为了"入伙"而故意骂脏话。

❖ 社会问题引发少数 13 岁少年的思考

吸烟与喝酒的问题已经进入了我们 13 岁少年的日常生活之中了。84% 的女生、68% 的男生表示自己或者朋友在吸烟；大约⅔的男生以及女生表示自己或者朋友喝过酒；略低于半数的人承认自己或者朋友吸过毒，至少也是偶尔为之。

13 岁的孩子知道担心自己喝得太多而醉酒，除非有时候

"有些好的理由，比如说为了庆贺"。男生在饮酒方面比女生更放得开一些。

在我们所调研的 13 岁少年当中，大约有⅔的人认为政治家并不诚实。女生比男生更觉得自己长大之后会为了改变这一现状而做些什么。男生比女生更认同 ERA（译者注：美国的"妇女权利平等修正案"），尽管有一个沙文主义者说他不赞成 ERA，因为"男性显然比女性更有地位"。大约有一半的女生和⅔的男生认为我们这个社会在消除种族差异方面做得挺好。

对于社会问题，总的来说，13 岁的孩子看来有良好的心态却没有足够的知识。几乎所有少年人都表露出了对贫困人口的身体以及心理健康的担忧。不过，他们当中只有大约⅓的人能够提出改善贫困的具体建议来，只有⅕的人能够说得出一些导致贫困的原因。

Chapter

14 岁孩子的
成长与发育状况

当他从拧巴的 13 岁迈入充满朝气的 14 岁时，你会看到一个角色多变的少年。他热爱学校，热爱社交，愿意让自己的生活变得十分充实。14 岁的他包容性更强，而不再像一年前那样对看不惯的事情大肆批判。尽管 14 岁的孩子具备这么多优点，但不能忽视这时候有些男孩和女孩会接触毒品；在性方面，14 岁的年青人会由于没能获得足够的知识与信息而遇到意外怀孕、堕胎等诸多问题。这时候，家长如何面对孩子在性方面的问题是非常必要和棘手的事情。好在 14 岁的年青人绝大部分都会表现出更强的责任感，这是让人欣喜的事。

1. 成熟状况：精力十足，渴望充实的生活

❖ 洋溢活力，充满热情

对很多14岁的青少年来说，这个年龄是一个生机勃勃、能量充沛、身体强壮而又很振奋的阶段。用之不竭的能量加上充满乐观的热情与友善，激励着我们年青的小伙子和姑娘们几乎愿意尝试任何事情。

不论是同性还是异性朋友都很让人开心；学校也挺不错；丰富的课外活动让满满的一天洋溢着快乐和愉悦。没有什么事情是年青的小伙子们和姑娘们应承不下来的。只不过，借用一位妈妈的话来说："14岁的年青人事事做计划，可有时候

他计划得太满了，以至于根本找不出足够的时间来执行。不幸的是，每天只有 24 小时。"

有些家长抱怨是学校"安排了这么多的活动堆积到一起"。可是，学校之所以这么做，很大程度上就是为了满足 14 岁年青人的要求。小伙子和姑娘们偏就喜欢生活稍微充实一些。

他喜欢朋友，喜欢学校，甚至对社区里发生的事情也很感兴趣，而且至少也要自己参与其中。实际上，他的兴趣不仅仅局限于自己生活的社区，而且扩展到了更大的范围之内。如果家庭经济条件允许的话，他肯定会兴高采烈地走出家乡小镇，去更远的地方冒一下险。

❖ 从只反抗父母中的一人到对两者都抗拒

生活如此充满阳光，难道就没有半点瑕疵了吗？当然有。欠缺之处就在年青人的家里，在他的父母身上。迄今为止，当妈妈的总是孩子指责挑剔的对象，搞得妈妈每每觉得自己好笨拙，也好老脑筋。从这个年纪开始，过去曾经一直受到儿子和女儿敬仰的爸爸，以牺牲妈妈为代价而享受儿女敬重的爸爸，如今也开始遭到儿女们的指责与挑剔，成为儿女眼中不可救药的老脑筋了。不过跟妈妈比起来，大多数儿女还是会更服爸爸的管教，甚至还可能置评说，看来家里就是要有一个手腕比较硬实的爸爸才好。（可是儿女们最不要听的话就是爸爸说他老人家小时候如何如何！）

估计一定是当年我们那13岁的少年典型地宅在屋里不肯出来的时候，不论是爸爸还是妈妈就都一下子变成了老古董，而且智商也退化得很厉害。一定有一个很恶毒的巫婆在父母身上动了手脚，使得过去本来还算是有些活力的，让人受得了的这两个人变得让孩子如此受不了了。固然，孩子不论是在哪个年龄段都会跟父母对抗，猛烈抨击自己的爸爸妈妈，然而在大多数情况下，孩子以前所抗拒的往往只是父母设立的规则以及父母要求他去做的事情而已。

可如今，14岁的年青人所抗拒的却变成了爸爸和妈妈两个人本身！你瞧瞧他俩那长相！那身式样古怪的衣服！那些无限冗长的，说他们小时候如何如何的讨厌的故事！他们居然还觉得自己没有老！"噢，我的老妈呀！"无论妈妈做什么，说什么，都能招致女儿如此无奈的哀叹。要么就是爸爸唠叨他的那些令人讨厌的、陈腐的、过时的老观念，也会招致她如此无奈的哀叹，"噢，我的老爸啊！"而儿子呢，则会在学校某次活动之前警告他的老爸："如果别人问起你的名字，你只要说'艾德'就好。"（译者注：不但不许说出姓氏来，而且连名字都只许报个简化名。这样的话，别人就不会知道这位可怜的老爸是谁的爸爸了。）如果妈妈需要跟女儿一起去商店买东西，那么女儿肯定要尽可能远地跟妈妈拉开好长一段距离。如果孩子必须跟爸爸一起进城去的话，那么这个年龄的儿子和女儿铁定要跟爸爸拉开至少两米远的距离。如果可能的话，搭火车时最好别跟他在同一节车厢里，免得别人看出来他们之间有什么关系。

所有这些举动，都不带有任何真正的敌意和恶意。这只不过是因为 14 岁的年青人依然在苦苦寻找自己、界定自己，可是他又觉得这个世界的眼睛仍然把他和他的父母视为一体、混为一谈。他相信，假如他的父母做了某些让人实在无地自容的尴尬事情的话（而且在他看来，父母真的就常常如此），别人肯定会把这笔账算到他的头上。

❖ 内心虽然抗拒，却依然深爱父母

尽管父母给了他那么多的难堪与尴尬，可是，他依然是这个家庭中不可分割的一部分。而且，实际上，在内心深处，许多这个年龄的年青人依然深爱他的父母。我们这里有一份来自一位典型 14 岁孩子的妈妈的汇报：

非常感谢您的信，感谢您为了帮助我和我那一触即燃的 14 岁儿子亚瑟，所写给我们的最为令人鼓舞的信。

有一天早晨，为了一件很小的事情而上演了格外火爆的一幕之后，亚瑟愤怒地冲向了学校。为了能缓和我们之间的气氛，我决定尝试一下老套数的"以德报怨"，出门去买了一件他一直想要的很花哨的衬衫。

放学后，他愤愤地踩着脚走进家门，穿过厨房的时候根本不理睬我。随后，我听见他把书扔到了床上，拾起了装着叠得整整齐齐的衬衫的包装袋。

紧接着，我就听见他冲出来跑向客厅，然后飞奔向还在厨房里的我，转眼就跳到了我的身上，狠狠亲了我一下，差点儿撞掉了我的下巴，然后用他那沙哑的破锣嗓子喊道："天，老妈！我真是个没用的东西，是不是？"

这下子我明白了，亚瑟还是我那可爱的小男孩，他只是目前身处青春期的嘈杂与困惑之中。因此，等待他再次显露他的可爱，就变得容易一些了。

这里还有一封来自另一位 14 岁孩子的妈妈的信，也讲述了一个类似的故事：

在我开始收拾屋子之前，我忽然想坐下来，把一些帮助了我和我那棘手的 14 岁儿子相处的建议给写下来。我儿子似乎绝大部分时间里都恨我入骨，专门做些他知道肯定会让我头疼的事情。

我想，他这么做的原因，很大程度上是因为他实际上需要我给他更多的爱，比他能接受的还要多的关怀和爱抚。我知道他唯一能够接受这些爱意的时刻，就是晚上入睡之前。这时候他想跟我说说话。我会尽我最大的努力，避免提及他白天干过的所有令人十分生厌的事，而且也尽量把我想给他的忠告缩减到最低程度（因为我的话在他看来统统都是唠叨）。然后，我会轻轻拥抱他一下，他于是心满意足地转眼沉沉睡去。

另一个关键是他需要有机会做他真正感兴趣的事情。很不幸的是，他对上学显然不是太感兴趣，他需要有很多身体上的活动以及建造类的工作。我们就为他提供单杠、篮球架、拳击袋等设施，还让他去青年馆游泳，去上拳击课，这些都对他很有好处。他也喜欢小提琴，喜欢做各种模型，还喜欢读一些跟他兴趣相关的书，例如电子以及象棋。他希望自己能够有点儿用处，比如到某个幼儿自然活动小组中帮忙，或者到学校图书馆里帮忙。

总之，我们尽一切努力去帮助他，而他也一样很努力，也很讨人嫌。当然，只是阶段性的。

是啊，尽管14岁常常有这么多美好的地方，可是许多家长仍然觉得自己几乎无时无刻不在抵挡孩子的攻击，不在努力讨好孩子；而孩子却总是有那么多的要求，那么少的体贴，而且如果家里不肯满足所有他认为自己有资格享受的奢侈，他往往还会屈辱得羞愤难当。

大多数的14岁孩子认为，例如上面这位妈妈的儿子，任何家人想要帮助他进步的努力都是在"唠叨他"。这就恰如一位女孩子所说的那样："我不喜欢有人朝我说教，而且一个人开始跟我唠叨之前，我常常就已经猜到要说些什么了。"许多14岁的青少年都认为自己根本就知道该怎么做，完全不需要由别人来告诉他，尽管他并非总会照他知道的那样去做。

❖ 与家人的关系变化微妙

总的来说，14岁孩子跟爸爸相处得要比妈妈稍微好一点。他对爸爸的批评与指责少一些，而且，他也觉得爸爸的唠叨没有妈妈那么多，更没有妈妈那么多要求。

可是，这个年龄的孩子跟爸爸的关系和过去有所不同，这给很多家庭带来了相当大的烦恼。许多女孩子过去一直跟爸爸感情很好，而且这种感觉一直也是相互的。然而如今，姑娘要出去"谈朋友"，爸爸——尽管很不情愿承认——却变得格外嫉妒。他会骂孩子她妈太纵容女儿，居然允许闺女出去"谈朋友"。（当然，这样的情形往往更容易出现在中等阶层的家庭之中，而非那些聚集在老城附近的低收入家庭。后者往往把孩子"谈朋友"当作无所谓的事情。）

和兄弟姐妹之间的关系仍然不尽如人意。最为糟糕的情形往往是跟家里6—13岁弟弟妹妹的相处，14岁的年青人往往把他们称为"烦人精"，说他们"让人头疼得要命"。他讨厌这么大的弟弟妹妹成天跟他抬杠，而且还"碰我的东西"，要么就"成天跟着我"。父母往往觉得他应该更懂事一些，却也每每无计可施，于事无补。

虽然不少14岁的年青人似乎都觉得跟家人生活在一起真没有意思，可是这一点也不妨碍他计划自己未来的家庭。将

近 ¾ 的男生和女生都表示将来打算结婚成家，超过 ¾ 的人还表示将来打算要孩子。（也就是说，想要当父母的人比想要结婚的还要多一点点！）

❖ 在社会上的举动表现出阳光的一面

典型的 14 岁年青人，对待家人的一举一动，跟他对待这个世界上的其他人的一举一动，其间有着巨大的差异。出门在外，没有谁会知道这个人在家里的举止跟他在你面前完全判若两人，你想不到他对家人是多么的不领情。在外人眼里，14 岁的年青人充满活力，生机勃勃，生动有趣，和蔼可亲，满脸阳光，随时愿意做任何事情。他活蹦乱跳，充满热情和激情，十分享受人生的快乐。

在生活的各个层面，14 岁的青少年对朋友都会呈现出他最好的一面。这时不论男生还是女生，往往都有一帮朋友，而他每每在朋友当中游刃有余。你这时再也听不到这样的"威胁"："如果你跟劳瑞尔说话，那我就不跟你说话！"

❖ 异性关系很容易确定，但不牢靠

不论是男生还是女生，他交往朋友一部分是因为对一起参与的活动有共同的兴趣爱好，另一部分（尤其是女生）则是因为对谈论异性有共同的兴趣。

姑娘们只要有点时间就会聚在一起谈论男生（当然是在男生不在场的时候）；即使不能聚在一起，也要在电话中谈论。对许多姑娘来说，跟自己的女性朋友大谈"拍拖"的经历，跟她自己真在"拍拖"之中几乎一样令人心满意足。

在我们研究的这一组 14 岁的青少年当中，68% 的女生和 54% 的男生表示他正打算固定下来，或者已经固定了下来。而且有一大半的年青人表示他们"相信"应该固定下来。当然，"固定下来"是什么意思，有很多不同的解释和定义。有些在几个月中一起相处过六七次就算是"固定"下来了，不过对另一些人来说，则是一个真诚而长久的承诺。

至于承诺的深度，从成年人的角度来看，许多 14 岁年青人之间的这种"固定"关系简直就是平淡之至。可是，毕竟有超过 ¾ 的年青人告诉我们，他或者朋友"亲热"过了。超过半数的人声称他或者朋友"已经那个"过了。将近半数的人则告诉我们，他知道至少有些同学已经"惹了麻烦"。看来这一数据实实在在地证明了为何 14 岁少女怀孕的比例会越来越高。

跟这个极端相反的另一个极端是，我们偶尔也会遇到一些发育得比较慢的男孩子说："我喜欢各种各样的人，唯独不喜欢女生。"

❖ 不良嗜好占据相当多的空余时间

派对或者狂欢，也就是说吸烟、喝酒、吸毒，已经蔓延得越来越厉害了。如果说这些年青人的报告的确真实可靠的话，那么将近 100% 的年青人（男女皆包括）表示自己或者朋友吸烟、喝酒，甚至吸毒，至少在某种程度上有所染指。

"谈朋友"，参加派对，谈论异性，这些活动无疑占去了这群年青人相当多的空余时间。但是，他们的兴趣爱好远远不止这些。比如说，有个女生的一天可以是这样度过的：早晨来一趟超长自行车之旅；中午和朋友一起进餐；下午看一场电影，随后去打一场球；晚上还要去参加一场舞会。如此紧张的时间表毫无疑问会在某一点失衡，然后肯定就会有谁遭殃（通常是妈妈）：都怪她（妈妈）不好，所以这份时间表才会出问题（尽管女儿事先完全没有征求妈妈的建议）。

❖ 大多数 14 岁年青人喜欢学校生活

在 14 岁年青人繁忙的一整天中，学校是许多人通常都乐意接受的一部分生活之一。大多数（不是全部）年青人喜欢上学。而那少数讨厌上学的人则让他的指责更上一层楼了：不但指责老师的不好，如今还要指责学校的运作问题、"体制"的问题、行政管理的问题等等。

越是纷繁多样的活动，14 岁的青少年参加起来越是如鱼得水，他尤其喜欢丰富多彩的课外活动以及各种课外俱乐部：运动小队、科学小组、戏剧表演、音乐演出等，越忙越开心。许多人挺喜欢课堂上布置的任务，不过学校真正吸引他的地方，是学校里的"其他学生"以及各种活动。这些人以及活动几乎就是他生活的一切，而且他太希望自己能够跟这一大群人中的每一个人一样。这并不是一个追求与众不同的年龄。

❖ 与成年人相处融洽

14 岁年青人跟成年人相处比过去容易得多（尽管跟成年人相处只是他日常事务中不怎么重要的一个部分），我们在研究所里跟这些孩子进行访谈的时候，这一点表现得非常明显。跟 13 岁时的缄口不语相反，14 岁的年青人在访谈中表现得友善而开朗。

在应答之中他显得相当坦诚，有时候还反过来问我们的研究员针对各种问题有些什么想法和看法。但是（这看来正是 14 岁的基本特征），虽然他十分配合，却真没有多少时间来完成所有的访谈。他往往会姗姗来迟（然后气喘吁吁地解释怎么会迟到了）；会晤之中他也常常需要打断我们的访谈，去给他的朋友打一个"很重要"的电话。之后，这些孩子通常都会提前离开，因为他还要匆匆赶往下一个预约。对于一个普普通通的 14 岁年青人来说，生活可真够繁忙的。和 14 岁的孩子约谈是一件愉快的事情，不过时间却也像水似的，很快就从你的指缝间溜走了。

❖ 希望自己的事情自己做主

大多数 14 岁的青少年基本上都希望自己能做得正确。许多人都不再依赖于父母的教诲，他想要自己拿主意，想要把父母关于是与非的教诲跟朋友的见解糅合到一起，跟自己觉得什么叫妥当，什么叫不妥当的想法糅合在一起。

妈妈认为应该做的跟他自己觉得想要去做的这两者之间，往往有很大的落差，而这令许多年青人感到十分困扰。通常来说，妈妈和孩子之间往往南辕北辙，正如一个 14 岁少女所说的那样："跟同龄人之间，我自有对他们最好的做法；可是跟我妈之间，我却必须狠狠地调低我的做法。"

他们的交往在这个年龄段频频变化。有时候他会跟自己的同性朋友闹翻，有时候也会跟自己的异性朋友闹翻。小"恋人"之间更是吵了再好，好了再吵。有个 14 岁孩子就这么说："你怎么能邀请一对朋友来参加派对呢？你又怎么知道谁跟谁会在派对上变成一对呢？"实际上，14 岁年青人之间谁喜欢谁了，谁不喜欢谁了，谁可能会喜欢上谁的这类事情，在成年人看来可实在是一笔糊涂账。

14 岁的年青人还不止这些问题。前面已经提过，对他们来说每一天可实在是太短了。上学也不总是一帆风顺，球队也不可能永远不输球，零用钱常常让人捉襟见肘。当然了，还有呢，爸爸妈妈老是丢人现眼。

但是大多数情况下，在这个年龄段的孩子看来，这个世界是一个宽广、美好的地方，他们愿意在一天天的生活之中，尽可能多地学习、认识和理解这个世界。

多美好，是吧？因此，父母一般都不需要别人的任何建议，唯有跟孩子之间的亲子关系让人发愁，孩子对父母的态度实在让人难以恭维。我们的建议是，请父母退后几步，也放轻脚步。

假如有一个没完没了地批评你的人，而你每天不得不见他，却还要照顾他、监护他，这种感觉一定不好。尤其让人感觉不好的地方，是假如你是一个单亲家长的话，他甚至能摧毁你对自己的信心，让你怀疑自己是否还是一个活得有意义、有价值的人。在这样的时刻，你需要很大的力量来支持自己，需要有人来告诉你，你其实已经做得很好了。

假如你没有一个能给予你同情的伴侣，那么请寻求朋友的帮助，最好是跟你同病相怜的朋友。年青人对你犀利至极的指责和毫不留情的贬毁，是可以变成你跟另一位家长之间的笑谈的。如今针对各种家庭困难的支持小组已经在全国各地雨后春笋般地发展起来，我们强烈建议你去参加一个针对普通青少年的普通家长的支持小组。如果你能够跟小组同伴们一起，对那些你自己也在经历着的事情报以大笑，那么这一定有助于你逐渐消弭内心的伤痛以及怨恨。有了这种心态，你会很快从孩子的批评指责中恢复过来，而这自会有助于你成为一个成熟、自信、幽默有趣，虽在意孩子但又能跟他保持一定距离的好家长。也就是说，你能成为一个14岁年青人的出色家长。

2. 人体机能体系：从容而放松

　　13岁的时候孩子那深深隐藏的心，到了14岁就放松开来了。这里呈现出一个深刻的变化，不但在孩子自己身上，而且呈现在他对周围的影响之中。他有了更独立的人格，也有能力更容易地做出取舍。年青人营造出了一种友善、轻松的氛围。你似乎不必像对待13岁的少年那般，需要小心翼翼地以某种特别的方式接近他。14岁的孩子变得更有安全感，也更外向开朗，更率直坦荡。他不再时时满心戒备，不再那么惧怕别人窥探他的个人隐私，相反，他可以跟别人以一种诚恳的、和和气气的态度侃侃而谈，甚至跟父母之间偶尔也能如此。

　　在我们的访谈当中，14岁年青人的神态从容而放松。他的坐姿对称而中正，双脚常常平放在地板上。你很少能看到他宣泄紧张的动作，也很少能看到他的注意力转到了别的什么上去。他认真地听，也认真地答，不但很愿意而且也很有能力跟成年人打交道。即使在言语不多的时候，他的微笑也能表露出他对此兴趣盎然。在我们的谈话过程中，年青人会偶尔插入几句他的评论，就跟我们的工作人员一样。有时候他还会添加一些笑料，来点儿戏剧性的夸张，以一种得体、愉悦的神情哈哈大笑。他不但能自己笑话自己，还能来一点敦厚的自嘲："太简单了，是吧？"（同样是这么一句话，13岁孩子的声音中则带着一些咬牙切齿的味道。）

14岁的孩子在我们的访谈中喜欢直奔主题，愿意"把问题解决掉"。当他不得不放弃的时候，尽管有些人会表露出一些自我贬低的情绪，但是他不会因此而紧张不安，而是可以相当有风度地放弃。即使他这时要给自己找个借口，"我昨天晚上没睡好觉"，也能带出很好的幽默色彩来。

14岁年青人的主要问题之一，是他往往在脑子里装太多的事情，或者要安排太多的活动。这正是他这个时期的新特征，即不加选择地什么都想要，什么都想做。这就是为什么有时候想要阐述他的答案会相当困难；这也就是为什么他会努力在解答一个问题时忍不住来上一句"这还不把我弄疯掉了"。他与人交往之中的纠结也正在于他太"贪心"了。

14 岁的年青人正凝聚出一种更大范围内的全新感觉。他的眼球不断转动，让你能感受到他头脑里有多种念头在同时运转。他对"个性"（他喜欢使用这个词）的看法，说明他已经开始通过一种更为全面而广泛的角度来评判一个人。

❖ 健康：身体强壮，极少数人偶尔一试毒品

14 岁年青人的健康状况，不但是"好"，而且常常就是"很好"。他现在很少因为生病而耽误上学。即使有些鼻子不通气，大多数人也能继续上课。极少有人现在还会像过去那样有生病的"习惯"。他也会走到另一个极端，在必要的时候忍受病痛。比如说，有一个男生为了能留住他的狗，情愿忍受哮喘病的痛苦，因为他其实对狗过敏。

在这个年龄段，几乎所有的年青人（在我们所调研的这一组 14 岁年青人当中，74% 的女生以及 80% 的男生）声称，他们有些朋友喝酒。并且，追踪到这个年龄我们首次看到有这么高比例的人，不是大多数而是绝大多数（90% 的女生以及 82% 的男生），在报告中提到有朋友吸毒。万幸的是，其中大部分人（或者参与者认为其中的大部分人）只是偶尔一试，或者只是跟"哥们儿"在一起的时候吸毒。大麻是我们的调

查报告中出现频率最高的毒品，其他被提及的还有 LSD（麦角酸二乙基酰胺，一种迷幻药）以及安非他命。

❖ 小动作宣泄紧张的情绪

14 岁的孩子很少还残留有紧张宣泄的管道，而且也只是偶尔需要而已。比如说少数人也许还会咬指甲，不过也仅限于某些很紧张的场合，例如看恐怖电影的时候。再有就是当他没办法让自己适应环境的要求时，也可能出现头疼现象（或者倒过来，他头疼的时候会很难适应环境的要求）。

❖ 视力状况良好，对戴眼镜极其反感

在视力方面，14 岁年青人的状况相当不错。在常规视力检测（视力融合、视线屏蔽、有效视角、中心定位等）之中，双眼都配合得蛮好。跟踪移动物体的眼球移动相当好。14 岁孩子的远视程度往往会比较稳定。如果有人觉得眼睛不太舒服，尤其在读书的时候不对劲的话，那往往是视力堪称完美的同时略微有一点点远视的人。减少阅读量有可能缓解这一症状，但是学校功课方面的要求却往往不容许减少阅读量。因此 14 岁的孩子需要视力上的辅助，比如戴眼镜或者接受视

力矫正训练，来弥补视觉适应力的不足。跟过去的 13 岁以及未来的 15 岁相比，大多数 14 岁的年青人都很愿意接受训练，也很配合视力训练。

眼睛的定睛与聚焦这两个动作的结合机制，比过去又有了进步。眼睛对物体的反应更接近成年人的模式。而且，在一定的测试条件之下，我们也更容易准确地预料到 14 岁孩子的眼睛下一步将会有些什么动作。

除了少数有轻度远视的人之外，跟 13 岁时比起来，14 岁的年青人读书时埋怨眼睛有问题的情况少了很多。不过呢，他常常也不再像 13 岁时那样狠命读书。他现在的阅读，除了学校的要求之外，往往仅限于杂志而已。

这个年龄的年青人会更为斩钉截铁地不肯戴眼镜，尽管他也会"在需要的时候勉强戴一下"。如果他能有所选择，他会尽一切努力避免自己戴眼镜。即使是那些因为眼睛已经近视而真的需要戴眼镜的人，也愿意努力通过视力训练的课程来改善眼睛的状况，好让自己能更少依赖于眼镜，甚至能够在某些特别场合下不戴眼镜。他的这份努力和渴望改善的动力来自他的内心深处，而不再像前几年那样总需要别人来敦促他。

❖ 女孩生理发育及性意识

虽然生理发育上仍然有很明显的参差不齐，不过总的来说，14岁大姑娘的身形看上去已经更像是一名年青女性，而不再纯粹是一个小女生的模样了。而且，也许正是因为如此，她开始非常在乎自己身材的成长了。在青春发育初期，女性往往比男性对自己的身形更为关注，也更容易觉得不满。在一项全国范围的问卷之中，有一个针对少女的问题是她希望看到自己有什么样的变化，结果超过一半的人表示渴望外观上的改变。

身高的成长在14岁这一年里几近全部完成。等满了15周岁之后，很少还有女生能够继续长高；即使有少数还能再长的，也不会超过1英寸高了。体重的增加在这一年里变得缓慢下来，不过不会随着身高增长的停止而停止，而是会继续缓慢增长。身体机能的成熟已经和成熟的年青女性相差无几了。乳房已经接近完全成熟的尺寸，阴毛也长到了完全成熟的浓密程度。

不过，以女性身体应有的柔和程度来说，许多14岁年青女孩给人一种充满力量的感觉。脸部和颈部显得更为结实，凸凹错落之间也让人觉得比较结实。即使是瘦削的女孩也显出凸凹有致的身形来了。

只有极少数女孩 14 岁期间还没有月经来潮。大多数女生的例假如今已经相当有规律。许多人已经在月经来潮之前一两天就能感觉到经前反应，例如腹痛、背痛，或者略微有点儿情绪上的紧张和焦躁。经期可能伴随轻度的腹痛，有时候会疼得蛮厉害，需要躺一两个小时。极少数女生可能会更厉害，比如觉得头晕、虚弱、毫无胃口，或许真就跳过一餐。另一种极端情况是，有些女生来例假时毫无感觉，毫无征兆，她的常规活动量半点都不会减少。

月经周期这时也已经稳定下来，大约 28 天一个周期，不过许多人的周期会比这长。月经来潮可能延续到第五天，甚至长达六七天。14 岁的姑娘在使用卫生巾或者卫生棉条的时候可能有些偏于浪费。不过，这可不是讲究节省的时候。14 岁的年青女孩需要适应她新长成的性机能上的成熟，这已经很不容易了，家长这时应该提供充足的"物资"，让孩子至少在这一方面能够过渡得比较容易一些。

姑娘们这时对繁衍中复杂的一面，如避孕、流产等，变得很感兴趣。她不但对这些有了更多的了解，而且还可能会关心父母该怎么对年幼的孩子解释有关性的问题。

❖ 男孩生理发育及性意识

对男孩子来说，14 岁是一个过渡阶段。13 岁的时候，尽管也有了一些机体上的成熟，但是大多数 13 岁的少年看起来都还像是小男孩，跟他 10 岁的时候没多大区别。而到了 15 岁的时候，大多数小伙子都真有了小伙子的模样，更像是成年人了。在 14 岁的时候，尽管他的身体发育离成熟还有相当大一段距离，可是他毕竟似乎已经跨越了一道坎儿。实际上，这道坎儿有些人在 13 岁的时候就已经跨越了，有些人则要等到 15 岁才跨得过去。然而对大多数人来说，这道坎儿就横亘在 14 岁到 15 岁之间的这段时间里。

14 岁的时候，男生在身形上的增长往往相当显著，在这段时间内绝大多数男孩子都走进了他身高增长最为迅速的高峰期。除了身高，他的体形中也现出一道道隆起的肌肉。"青春肥"已经是过去的事情了，两年前曾一度进入"长肥期"的男生已经不复当年的模样。壮大了的体形，加上新成熟的机体，使得 14 岁的小伙子给人以一种青年男子的强壮感。

这期间，大多数男生的阴毛已经长得相当浓密，颜色也变得更深。前臂和腿上的汗毛越来越浓，连鬓胡子也开始往外长。声音变得明显低沉了许多。变声的过程每个孩子都不太一样，有些人缓慢而稳固地变化着；有些人需要经过一段

"破嗓子"过程；还有些人则忽然间一下子变了声音，就好像他忽然患了感冒，哑了嗓子，而且再也恢复不了似的。这种忽然变声的男生（只是少数人）身上，往往伴随着其他方面的急剧变化。比如说，一向比较缺乏自我意识、懵懵懂懂的他忽然就变成了一个非常稳重的人，就仿佛是他声音的忽然变化惊醒了他，让他一下子意识到自己已经发育为成熟男人了。

阴茎在13岁的时候已经开始明显变大，14岁期间的成长就更为明显。到了快要15岁的时候，很大一部分男生都已经在某种场合之下有过射精的体验。最为主要的，也是绝大多数男生初次射精的导因，往往是手淫，毕竟大多数男生都知道这回事，而且不少人从11岁或更早就开始了手淫。到目前为止，依我们看来，现在的年青人很少有谁还继续相信老太太们的说法，即手淫不但是邪恶的，而且会让人变傻甚至更糟。

一旦有过第一次射精体验之后，几乎所有男生都会形成自己独特的、多少有些规律的性功能活动。手淫是普遍现象，夜遗也可能在14周岁前后开始出现（不过也有不少男生要等到青春期后期才体验得到）。男生对此的反应各不相同。幸运的是，如今大多数少年郎在此之前就已经了解到这些可能出现的情况，因此不至于临场惊慌失措。但是尽管如此，还是会有些人觉得十分羞耻而偷偷把睡衣藏起来。好在大多数人都能把这件事情当作生活中的一部分接纳下来。

14岁的年青人不但需要而且渴望学习更进一层的性知识。除了有关自己本身性发育的知识，包括生理以及功能上的性知识之外，许多人对性交十分关注，这不但包括婚姻性交，也包括婚前性交。除此之外，他们提出的问题也涉及了诸如避孕、意外怀孕、性病、疱疹、艾滋病、卖淫、堕胎，以及同性性行为等方面。年青人不但想要了解这些方面的知识和信息，而且还想要讨论这些问题，并且做出他自己的评价来。

14岁的年青人想要找到自己的路，去澄清他自己到底是怎么看的，去认定到底哪条路是最适合于他的道路。如果我们能提供给孩子准确的信息，加上符合他自己价值观的理念，那么年青人在此基础上自然能做出他最好的抉择。然而不幸的是，他们常常在尚不具备足够能力与知识的情况下，就不得不自己做出决定。可正是那些没能获得足够知识与信息的青少年最容易陷入麻烦之中。因此，一个14岁的女孩子，因为她这时向外探索的特征，也因为她对大男孩的向往，在某种情况下最容易受到伤害。女孩子往往因为懂得太少而怀孕，这样的情形实在是不胜枚举。因而父母不但要早早把这些知识都告诉自己的女儿，而且要好好保护她们。这不是指把她们都监禁起来，设立一些很不合理的宵禁家规，而是要切切实实地帮助女儿理解她真的需要父母的监护，因为她并不真正了解会有什么后果，也承担不了这样的后果。在让女儿能真正明白这一点的同时，父母还应该和孩子一起确定一些合理的禁足条例与规矩。

许多爸爸妈妈如今要面对的问题，更主要的还不是能给孩子提供多少知识和信息，而在于能否给孩子提供避孕用具——如果在你看来你的女儿明显有性行为的话。这实在是父母需要面对的一个非常棘手的问题。

3.自我照料和日常作息：自主性提升

❖ 饮食：对食物的偏好很明显

食欲： 14 岁年青人在食欲上面的个体偏差已经很小了。他的胃口仍然相当不错，尤其有很多体育活动的人更是如此，不过，他的好胃口总的来说已经是在合理的克制之下了。这时候他对食物的气味相当敏感，它们要么让他讨厌要么令他向往。美味的匈牙利炖牛肉的芳香有可能让他皱眉头，可是架在篝火上熏烤的食物散发出来的气味却会让他口水直淌。他也会注意到某些食物的浓稠度。比如说，正是因为花生酱太浓稠了，所以他现在格外讨厌它；可是脆生生的苹果却很让他喜欢。

14 岁的孩子仍然离不开零食（尤其是放学之后），不过已经不再像当年 12 岁时那样馋得厉害了。对于大多数人来说，妈妈随便给点什么吃都可以，水果自然更受欢迎。上床之前还需要吃点心的人更少了。你可以说是因为他懒得去给自己弄些吃的，不过实际上更是因为他的食欲的确变小了。即使他真的需要晚上吃点儿什么，也不会再像以前那样"坐下来大吃特吃"了。

偏食与挑剔：喜欢的东西再次超过了不喜欢的；概述性的词也用得更多（"海鲜类""淀粉类""所有含蛋白质的食物"）；不喜欢的则不是概述而是相当具体。有的人说自己"什么都喜欢"，或是他就喜欢"吃的"，还有些人则开始对桌上的饭菜评头论足，"选材不好啦""烹调方式不好啦"等，而且还说那些他不喜欢的食物"令人作呕"。他还会跟别人比较口味："我不喜欢菠菜。你听说过有谁喜欢吃那东西吗？""肝脏，啧啧，我看所有的小孩都讨厌吃那东西。"

喜欢的：冰激凌和煎牛肉（一直如此），水果、牛奶（许多人都很钟爱）、火鸡、鸡肉、海鲜、土豆（各种做法都行，土豆泥最好）、甜食、蛋糕，还有汉堡包、烤牛肉、三明治、甜馅饼，还有一些味道很重的食物，例如调味番茄酱、山葵、沙丁鱼。

讨厌的：跟 13 岁的时候很相似，肝脏、鱼类、杂烩类、菠菜、甘蓝、卷心菜、西蓝花、芽菜、洋蓟、做熟的洋葱、芹菜、菜瓜等等。"味道古怪"的东西也不喜欢，比如鱼子酱、法式甜馅饼、碎肉冻、泡菜。

点心与甜食：交往式的、在外面跟朋友吃东西的现象开始出现：比如到冰激凌店里买吃的，或者到快餐厅里买吃的。

受欢迎的餐间点心通常有软包装饮料、曲奇饼干、水果、牛奶，以及各种奶制品。有些人吃很多的糖果，但更多的人虽然很喜欢吃甜食和冰激凌，却能忍住不吃。虽然有些人并不喜欢吃甜食，可更多的人却是因为相信糖果对牙齿、体质、体重不好，而把自己的外表与身体健康看得比嘴馋更重要。

餐桌礼仪：很多父母都不再提及孩子的餐桌礼仪，不过仍然有跟 13 岁时相仿比例的孩子"不行"或者只能算"还过得去"。遭到批评的主要方面还是坐姿不好，用手指头抓东西吃。

孩子吃饭时很少给餐桌带来好的气氛，因为他对菜式有诸多批评，话太多，或者反过来只肯用一个字应答别人的问话，还有就是跟爸爸顶嘴，比如爸爸说他应该尝试一下他不喜欢的东西，或者批评他体态不够得体的时候；还比如跟爸爸争执到底胳膊肘该不该放到桌子上。

帮厨：热情又增加了，大约有一半的人会参与帮厨，不论是男生还是女生。有的人表示知道饭菜该怎么做是件挺重要的事情，不过早先对烹饪的热情已经减少了很多；有的人说如果不得不做的话他会做，只是不喜欢而已；还有些人则不管喜欢不喜欢都不得不做，尤其做早餐。另外，还有些人因与人交往的层面而喜欢烹饪：他喜欢做了东西给别人吃。

帮厨工作中最常涉及的食物有肉类、蛋类，以及烤曲奇、烤蛋糕。有些人已经能自己做顿简单的饭菜。针对自己做出来的东西，他能做些相当中肯的自我批评。

他的说法有可能自相矛盾（"我才不做呢！呃，不过，我可能就烤一点曲奇饼之类的东西来吃吧"），也可能跟他妈妈的说法相冲突（妈妈对我们说孩子对厨房不感兴趣，可是孩子却告诉我们说，她喜欢做饭，喜欢到厨房帮厨）。

❖ 睡眠：由自己撑控

就寝： 晚上睡觉这方面，大多已经由年青人自己掌控了。正如一个 14 岁的小伙子所说的那样："我一般都自己收拾收拾上床睡觉。这一套程序我早已经知道得足够多了。"晚上就寝的时间在 9 点到 11 点之间，最常见的则集中在 9 点半到 10 点之间。每天上床的时间看来都会不同，不过相差会在 1 小时之内。如果他累了的话，会早点儿去睡。许多人都会利用睡前时间赶作业，做完了才肯去休息。上床之后他可能会稍微听一会儿收音机，要么就想想心事，想想现在的以及最近的事情。大多数情况下，14岁的年青人往往很快就会沉入梦乡。

入睡：大多数人表示他们夜里会做梦，可是醒来之后大都记不得梦见了些什么。有时候也有人记得住，那么他往往告诉我们的是"没什么有趣的""非常有逻辑""乱七八糟的一些事情而已"。他喜欢吃早饭的时候聊聊自己做的梦，而且发现"大家都还挺有兴趣的样子"。

晨起：早晨醒来的时间，不同的人之间差距相当大，总的来说是在早上6点到8点之间。有些人看来不需要多少睡眠，不但睡得晚而且醒得早。还有些人看来作息相当有规律，比如说，每天8点整的时候醒来。这样的人喜欢做事情有个习惯性的规律。还有些人则依靠闹钟来执行规律的作息时间。最后还有一种人，喜欢睡懒觉，总是想要额外偷出10到15分钟的时间来。你叫他一次肯定不行，至少也要叫上两三次。星期六、星期天以及放假的时候，他会欢欢喜喜地一觉睡到大中午，这时可能更不容易醒来。

❖ 洗浴以及头发梳理：注重个人卫生

家长告诉我们说，"她现在总算知道干净了"。这表明 14 岁的年青人，至少是他们当中的姑娘们，开始更加关心自己是否干净了。大多数女生每隔一天洗一次澡，而且越来越多的女生喜欢每天都洗澡。有时候因为太忙了或者太累了而不得不少洗一次澡的时候，她甚至会为此而感到遗憾。

男生还达不到女生这么高的水准。实际上许多人仍然需要家人提醒，甚至妈妈会打趣他"对肥皂过敏"，他还会想些办法逃避洗澡。吃饭以前他也常常需要家人提醒他洗手。好在运动之后他会冲个澡，这使得家人敦促他洗澡的压力少了许多。

洗头发、梳理头发都比过去容易得多了。有些人大约一个星期洗一次头，不过那些头发油性比较重的人则洗得频繁得多。14 岁的女生已经很会用吹风机给自己吹干头发了。

男生也常常打理自己的头发，包括洗头发。有些人觉得唯有他的头发"才是最关键的"。大多数人都知道确保该理发的时候去理发，对理发的关心程度不亚于洗头。少数几个男生开始刮胡子了，不过他会在刮胡子的时候做得非常隐秘。

剪指甲也成了他打理自己的一个部分。虽然有些人可能还是需要在剪指甲以及刷牙方面稍加提醒，不过总的来说，他们大部分基本上都做得蛮好了。

❖ 衣着以及房间清洁：注重个性魅力

在这方面妈妈开始出现夸赞的言辞了："她把自己的衣服收拾得蛮好的""大多数情况下她都能把衣服挂好""他基本上算是整整齐齐的了""他把自己打扮得挺整洁"。

大多数年青人都对衣服很感兴趣，他们的喜好各有不同。男生喜欢炫耀他的衬衫以及运动衫，有的喜欢比较传统的式样，有的则比较另类一些。女孩子对衣服的品位有可能跟妈妈不一样。

衣装的款式，根据季节、地域、最新的时尚而不同。不论男生还是女生大都由他自己来决定，而且往往有相当不错的品位。不过，最基本的一条仍然是"别人都穿了些什么"。这时候他对时尚的追踪以及对随大流保护色的依赖程度比过去略微轻了一些。也就是说，虽然他还是随大流，但是不会在衣装跟风方面走得太极端。大多数人都大致上回到了老套数：女生是裙子、牛仔裤、套头衫以及衬衫；男生则是单色衬衣、套头衫、便裤、牛仔裤、卡其裤等。

有很少数的女生会过分打扮自己，也就是通过衣装来过分突显她的性别。另外，大多数女生使用口红的技巧比过去老到多了。

站在衣柜前，不论是小伙子还是大姑娘，看来都相当清楚自己想要穿什么。他们似乎对自己需要什么行头相当了解，比如说，什么时候该穿轻便大衣。如果父母允许的话，有些女生可能在买衣服的时候会狠狠花钱。有趣的是，越是满橱满柜都是衣服的女生，往往越会站在衣柜前咕哝："我真没有衣服可穿。"

买衣服选衣服对 14 岁的年青人来说不算是一桩太难的事情。小东西他全都自己去买，比如内衣内裤、鞋子袜子；如果要大买的话，他还是希望父母能在一旁帮帮忙。这时候亲子之间通常有不少地方意见相同，除非因为两者的品位完全相反而出现"很大的不一致"。妈妈应该明白这个年龄的孩子不可能穿他自己不喜欢的衣服，任何由妈妈自作主张买回来的衣服，都可能挂在衣橱里再无人问津。

少数人会要求得到自己的衣装费。这类比较特别的 14 岁年青人要么很会做预算，要么则苦于如何让自己不要破产。要算计好每一笔开销，可真是件头疼事。

对衣服的爱惜显示出这个年龄的孩子责任感变得更强了。有个小伙子煞有介事地对我们说："我家有一个衣橱，是回家后挂户外穿过的衣服的。"听上去就好像这个大厅里的衣橱在过去的几年中都不曾存在过一样。许多人都知道仔细挂好自己的衣服，不过该怎么更恰当地使用衣挂似乎还有待提高。比方说，一个男孩子因为不愿意用衣挂，而把衣服全都一件件重叠地挂在同一个单钩上，一直到那些衣服摞起来看上去"像一个驼背的人"（他妈妈这么形容）。

衣服剐破了、开线了、扣子掉了等的时候，跟以前相比，他更愿意主动告诉妈妈。而且，男生也好女生也好，甚至都能自己去缝补一下了。

把脏衣服放到一起，或者放到洗衣篮里，已经开始形成习惯。如果他每天都要换衬衣的话，这个脏衣服堆可以堆得相当大。有些14岁的年青人已经开始自己洗衬衣、熨衬衣了。熨裤子、熨裙子的技巧也掌握得相当不错。不过，假如你看见一个小伙子虽然穿了一件熨得笔挺的衬衣，却完全没有注意到裤子上明显的污迹，你也不要觉得奇怪。

大多数人的卧室现在已经保持得相当整洁了，有些人甚至还喜欢把屋子收拾得井井有条。虽然他还是会时不时把衣服随手放在哪里，但隔三岔五总能拾起来。他也不再那么热衷于装饰自己的房间，比如满屋子挂满各种招牌、小旗，相反，他现在甚至还可能会摘除许多十二三岁时特别喜欢的装饰。有些迷恋上某个摇滚明星或者电影明星的女生，现在可能把她的兴趣点集中在这一个人身上，并且以这个人为主题装饰她的小房间。有些14岁的年青人跟他13岁时一样，喜

欢继续猫在自己的小屋里。不过总的来说，他现在只在自己
的房间里睡觉、学习，读书的时候却愿意来到外面跟家人在
一起。

还是会有些 14 岁的人不太能保持自己小屋的整洁，不过
即便如此，也至少会有一小块地方收拾得比较整齐，比如说
他的课桌。书往往还是随手一放。若要让他收拾屋子，最好
的动力就是想到要来客人了。他的床铺有时候可能懒得收拾，
尤其快到周末的时候。好在新的一周开始时，似乎一切也就
都有了一个新的开始。

❖ 金钱：开销增大，要建立良好的理财计划

父母这时候会更清晰地意识到，要养育一个孩子需要多
么大的开销，尤其是 14 岁这个年龄的孩子，不但需要向外拓
展，而且总有诸多要求。每个星期的零用钱涨到了 4—6 块，
还要再加上外快，用来应付很简单的预算开销，也许够用，
也可能不够用。额度虽然增加了，可是开销也有了更多的额
外需要，尤其是女孩子还要买衣服，哪怕变成每个月给一次
钱，都很难周转得过来。

少数家庭因此采用了新的也更容易的做法，即不再定
期给零用钱，而是按孩子的需要给。这种做法对那些已经相

当有金钱概念，而且也了解家庭经济状况的 14 岁年青人很合适。

而针对那些既要讲究昂贵品位，又不肯自己去赚钱来支付高额费用的年青人，要做开支预算，那可真是难上加难。他对钱的需求可能膨胀得很厉害，亲子之间往往因为这一话题争吵得非常厉害，特别是子女跟爸爸之间。对于这样的孩子，父母一定要设立一个限度，并且严守这个限度。家长的确应该给渴望买新衣服的女孩子划定一笔买衣专款，这笔专款不仅仅是为了满足孩子的需要，更是一个很好的限制性额度。

跟以前比起来，14 岁的年青人"挥金如土"得多了。不少人在开销上很没有头脑，常常一到周末就"破产"（如果家里还是一周给一次零用钱的话）。他可能去买些好书、好唱片，却忘记了自己手里并没有多少钱。

14 岁青少年挣来的钱也比以前多得多了，打暑期工经常能挣得大笔资金，足够他存起来备用，甚至还能赚点利息钱。

❖ 劳动：主动承担家务

14 岁年青人对家务劳动的态度有了很大的变化，而且他自己很清楚这一点。他还记得自己两年前多么糟糕，并且认为自己"现在像样多了"。他不但愿意帮忙，而且还会主动帮忙。至于那些不这么热衷于家务劳动的人，可能会多一些推托，同时也知道他的做法"跟年龄不相称"。

女生如今在家里也忙活了起来，比如打扫灰尘，清洁家具，擦洗洗手间，甚至有能力把家里整栋房子都打扫干净。

男生不仅替家里洗车，还可能已经有本事给汽车换胎，甚至做机械养护以确保汽车的良好状态。有些人已经开始真能做些成年人的工作了。

"正式"的工作常常是在暑假里，比如到修车铺工作，或者到商店帮忙。带小孩的工作也可以一口气坚持好几个月。只不过一般来说，14 岁的年青人要么没有足够的时间坚持一份固定的工作，要么还没有足够的意愿坚持一份固定的工作。

4. 情绪：积极阳光，快乐是主旋律

❖ 偶尔的小阴郁不会影响积极阳光的一面

进入青春期后的首次急性阵痛，也就是13岁少年人中相当严重的离群索居而又过于敏感的阶段，终于熬过去了。一个全新、愉悦、快乐的主旋律插入了14岁年青人的生活之中。父母不再需要小心翼翼绕道而行，以躲开"一触即跳"的子女。

家里的氛围焕然一新，随处是久违了的笑声和歌声，甚至一大早起来就回荡在你耳边。14岁的孩子显然走入了阳光的一面。他热爱生活。父母每每描述他"充满了生机""迸发出生命的活力"。即使有些人可能不是特别"精力旺盛"，也至少让你觉得"比较容易相处""成年人般地怡然自得"。他令人愉快的声音，幽默风趣的话语，使你觉得和这样的儿女生活在一起实在是快乐。

不过，14 岁的年青人也不会在任何时候都这么朝气蓬勃。实际上，许多人的天性中都有其背阴的一面。我们也听见妈妈这么说她的孩子，"他是比较容易相处，可有时候情绪低落""虽然他一般来说都拿得起放得下，可有时候也会因为一点点小事情就大动干戈""尽管她常常快乐得一塌糊涂，可也有时候会跌入消沉的深谷之中"。

总的来说，14 岁的年青人享受生活。他明白随着自己越长越大，"生活会变得更加复杂，却也同时有了更多乐趣"。他随着生活的脚步前进，"我越往前走，生活越美好"。他已经有更多的能力来承担越来越多的责任，而且也很清楚自己偶尔会走到"坑坑洼洼的地方"。

这些"坑坑洼洼的地方"并不算多，不过一旦走入其中，他需要好好对付。他在内心深处纠结着，爆发出狂野的愤怒，也会陷入气急败坏的哭泣，让你觉得他怎么忽然变了一个人。在这样的时刻，不论是老师还是父母，都应该去寻找这种超出常规的忽然发作的背后究竟隐藏着些什么。

14 岁的年青人当然也常常会有"快乐得一塌糊涂"的时候。这样的时刻常常出现于他在校外的时候，尤其是他所属的球队赢球时，那份荣誉感真会带给他无比的喜悦。而他的社交生活，比如出去"谈朋友"，或者得到了新的衣装打扮自己等，都可以给14岁的年青人带来最快乐的时光。

快乐的情绪远远盖过了悲伤的情绪。即使有时候情绪不好，他也很少陷入悲伤之中，而更有可能显得烦恼，显得心绪败坏。这种心绪败坏可能会让他更加闷闷不乐，或者沮丧消沉。不过，14岁的年青人是不会让自己在这种低迷消沉之中滞留多久的。他固然会偶尔跌入低谷中，但是往往可以很快又站起来。

❖ 不刻意克制情绪

他不再像前些日子那般更为矜持地克制自己的脾气，因此更容易生起气来，当然这样的情形并不多见。不论男生还是女生，都可能转眼之间大发脾气，尤其是对自己的兄弟姐妹。同样的情况下，13岁的他更可能会克制住自己的火气，退缩回自己的房间里去；而今他却可能瞬间就发泄出来。即使他这时候要回自己的房间里去，也会跺着脚闹出很大的动静。14岁的人很少会隐藏自己，就是要让你知道他"很不爽""生气了"。男生尤其会常常"乱吼一气"，而且特别容易朝自己的兄弟姐妹大吼大叫，要么就关在房间里自己大骂一通。不过，除了对兄弟姐妹之外，他发火时倒是很少动拳脚。如果是老师惹了他，他能克制住自己一语不发。生父母气的时候，他也能如此忍耐。

虽然我们听到 14 岁的年青人谈及自己怕这怕那，值得他怕的东西还相当多，不过，这个年龄段并不真正算是惧怕心理很重的阶段。首先，看来对各种小动物的惧怕心理在这时候浮到了表面上，有怕虫子的，比如甲虫、蜘蛛、蜜蜂等，相当一部分人害怕蛇。还有些人怕高，怕深水，怕独自待在黑暗之中，怕走在水底软乎乎、泥乎乎的地方。他也害怕丢人现眼，害怕遭到别人的"孤立"，害怕众人的谣言，害怕"不知道会有些什么事情发生"，还会害怕"不知道事情会是个什么结果"。经历和体验能减轻这个年龄的这些惧怕心理。

值得他担心的事情也跟值得他害怕的事情不相上下，好在跟 13 岁的时候比起来，他的这种担忧已经轻了很多。少数几个人告诉我们说他忙得没时间瞎操心。相当多的人担心学校的功课，比如能否做完作业啦，能否得个好成绩啦，考试能否通过啦之类的事情。也有些人担心上学迟到。还没有朋友的人担心自己找不到朋友，担心自己不知道给别人留下了什么样的印象，担心男朋友不会跟自己继续好下去，担心家里的"家庭关系"，担心自己不受欢迎。他担心自己的声望，担心自己不够雄心勃勃，也担心自己会生什么病。但是，尽管我们写了这么一大串，这些担忧却不会比他的惧怕带给他更多的烦恼。

❖ 对身体的关心程度提高

在一次针对14岁青少年面临的主要问题的讨论中，我们发现这些问题并不会对这些年青人有多大的影响。他的主要问题可能在于身体的构建上，比如太胖了、太矮了、太高了等，也可能在于学校功课这方面（尤其是考试），还有可能在于交友方面。然而，即使他对这些问题有所抱怨，比如有个男生说他11岁的妹妹戳到了他的短筋，害得他没法专心做事，牢骚之后他也会加上一句："但是我并不太在乎。"即使他会诉说跟朋友相处得不太好，最后他也往往会加上一句结尾："但是这已经比过去好得多了。"

14岁的年青人不会不好意思表达他的感受。虽然有些人还是会隐而不露，但是总的来说，他并不想遮掩自己的情绪，而且愿意让别人知道他心里是什么感受。14岁的人是用更结实的材料打造出来的，他不会再像13岁时那么脆弱。不错，他是会受到别人的影响，也的确会被人伤害，但是他能承受得了。他既可能立即几句话顶回去，也可能几天之后才予以反击；不过更多的情况下，他却可能满不在乎："那又怎么样？"甚至会一笑了之，把这当作笑谈。

当被问及他是否曾经感到羡慕或者嫉妒，他轻松地回答说"算是吧"，或者"也不算真的嫉妒啦"。他可能希望自己也能像别人那样得到家长的特许，"去参加舞会""有更多的自由"，也可能希望自己跟某个朋友一样被众星拱月。他可能希望自己也能有机会像某个同学那样选择到农场打工或者开拖拉机。但是，当他仔细想过一遍之后，开始意识到自己其实并不算太糟糕，甚至可以说"相当幸运"，因为他"得到的机会跟别人一样多"。因此，他并不希望跟别人对换（"那怎么行呢"）。当你听着他对你说"我终于想明白了这一切，现在真高兴我就是我自己了"的时候，你简直能对他快乐地走回自己的心境感同身受。

凭借着这种对自己的良好感觉，14 岁的年青人能够以一种完全不同于 11 岁时的心境去参与任何形式的竞赛。那时候他几乎带着敌意跟别人竞争，不惜任何代价也要战胜别人。而 14 岁的他虽然也喜欢竞争，心态却完全不同。他喜欢就自己的长项跟别人比赛，尤其是在运动和功课这两方面。对他来说，更重要的是自己好好尽力。如果他赢了，那当然更好。如果他所属的小队赢了，那自然更是格外开心的事情。

14 岁年青人聪明又随意的天性，至少在他充分发挥这一天性的时候，让你觉得跟他在一起真是一桩快事。他与朋友之间此时有了一份全新的快乐分享，那是一种无形的会意，心意的相通。比如说，他会给自己随意组织起来的小俱乐部取一个很有意思的名字，像"坦尼森·布鲁克俱乐部"（译者注：坦尼森·布鲁克是早期英国著名诗人），或者"污点俱乐部"。正是由于几个朋友之间的心意相通，因此他们不需要解释就能会意这个名字中所蕴含的"名副其实"的幽默。朋友们自然明白，"坦尼森·布鲁克俱乐部"的人都是些喜欢"之乎者也不知所云"的人，而"污点俱乐部"则都是些挨批评挨得最多的人。

5.自我意识：独立自立，接纳度高

13岁时那种向内探索、自我反省的过程，现在已经大致完成了。在这段独处的日子中，对自我的思考是13岁少年的典型特征，这很有点儿像一个冬眠的过程。终于有一天，他内在的生物钟转出了冬眠期，走进了阳光灿烂的日子，而这样的日子多半就出现在14岁期间。

❖ 满意自己的现状

这个年龄的男男女女"对自己非常满意"。虽然他也希望自己能稍微有些不同，比如说，再瘦一点儿，再高一点儿，再矮一点儿，可他还是觉得喜欢自己。这个年青人现在已经意识到自己跟别人不同，有着自己独特的地方。尽管有时候他由于受到一些完美主义的影响，还不太能完全彻底地接纳自己。

正如一位爸爸所感慨的那样，"他终于从外界吸取到了一些东西了"，事情可能的确如此。也许这就是14岁的年青人已经完全能够接纳这个世界的本来面目的原因之一吧！他已经开始学习如何把握生活的艺术，正是这份自我把握让他开始明白：当一个人越来越有能力在一定限度之内接受这个外在世界对他的各种要求的时候，他也就越来越学会了如何抉择。他已经越来越清楚地了解，他想要的是什么，哪些是更重要的。因而他现在对别人说"不"的时候，也越来越明白自己要选择的是什么，而不再仅仅是为了对别人的抗拒。14岁的年青人不但能对朋友有所选择，而且对自己喜欢的文学作品也能有所选择。只不过他仍然可能因为太"贪心"而淹没在自己的热忱之中。

这个年龄的人自我感觉相当好，你会听见他说"我就喜欢我现在这个样子"。假如他还没有走到这一境界，那么他可能会过于渴望能独立自主地安排自己所有的时间。虽然他自己认为不怎么需要，可他实际上仍然离不开成年人更多的引导。他在按照自己的计划付诸行动之前，需要跟家长好好讨论一遍他的想法和安排。不少年青人这时能够以更宽广的眼界回头看看过去的自己，也因此对弟弟妹妹变得更为宽容。

当年他自己不也一样做过弟弟妹妹现在正做着的事情吗?

❖ 虽然发育程度偏慢，但不介意别人的眼光

有些 14 岁孩子这时尚不够成熟，或者还不肯长大。这些人往往相当明白他应该有些什么样的言谈举止，可是仍然更愿意活得像个年幼的孩子。另外还有一些 14 岁的年青人，当初十二三岁的时候曾经在与人交往方面发育得偏慢一些，现在则奋起直追想要弥补他错过的时间，因此反而变成了格外喜欢跟别人打交道的人。每天、每星期、每个月，他都忙忙碌碌找不出足够的时间做完他想要做的事情。14 岁的特征之一——向外扩展，到了他身上往往因为扩展得太过分而超出了界限。他四处捅娄子，也竭力想四处补娄子，因此常常使自己陷入顾了头顾不了尾的困境之中。

14 岁的年青人对自己的外貌已经很上心，很关注自己的面色和气色，也可能希望体貌上能有些改变。不过总的来说，他还是能根据自己的内心想法和实际外观比较得体地打扮自己。

他不再喜欢吹牛。如果听见同学胡吹乱嗙的话，他还会狠狠地批评人家。他可以意识到自己与人相处方面的优点，比如随和、风趣，以及"能够懂得欣赏"他人。少数人把成

绩好也看作自己的优点，不过大多数人则把体育运动方面的能力看作自己的优点。

14岁的人愿意面对自己的缺点和错误，虽然他还不太善于战胜自己的毛病。他常常自己总结缺点，包括说话冷嘲热讽、对人吹毛求疵、守不住秘密、性格脆弱等等。还有一个许多人都有的共同毛病，那就是说话声音太大了。这可以用在社交场合，也可以表达他的开心，还可以用来表达他的愤怒（太经常了）。

14岁的他不再像13岁时那样克制或者隐忍自己的感受，尤其是他的愤怒（主要是对兄弟姐妹们的愤怒），往往毫不遮掩地喷涌出来。

他当然很明白爸爸妈妈很不满意他的这一行径，可是大多数年青人还需要再等一年，才可能懂得以成年人的眼光来看待自己在情绪上的一个个波动。随着渐渐长大，他自会越来越不容易被兄弟姐妹的所作所为而激怒。

❖ 对和平、幸福的生活充满向往

当我们问及他的心愿时，14岁的年青人想到的不再是自己一个人，而更多的是他愿意生活在一个怎样的世界中。他首先希望能拥有一个和平没有战争的世界，然后希望能有一个更美好的世界。

在这个世界上，"各国人民都联合起来""所有的宗教都团结一心""人们的生活水平更高"，而且"每一个人都有更好的成长机会"。更为具体的一点是，他希望能有一个运作更为恰当的政府（"一个不要让税收节节高涨的政府！"）和一个更先进的教育体制。

他尤其渴望人们能幸福生活，不仅仅是他现在的家人，他未来的家人，还包括所有人。他希望能够顺利完成高中和大学的学业，将来在事业上能有很好的成就。少数人有些担心他在智识上的能力，担心自己的健康和名气。不过总的来说，14 岁的年青人能接纳自己的本来面目，而且对自己是一个什么样的人有越来越多的认识。渴望有钱，渴望用钱能买到想要的东西，这方面男生的比例比女生要高。但是希望自己能拥有物质财富的人总的来说占少数。然而这个年龄的孩子对汽车的渴望，使得他的头脑里多了一份烦恼。等到这"战利品"终于能够为他所拥有和掌控之前，他的这一价格相当不菲的渴望将会招致诸多的矛盾冲突。

❖ 满足现状，对未来充满期许

14 岁的人对未来的构想明快而流畅。尽管他可能会希望自己已经长到有资格开车的年龄，或者希望自己现在就能拥有将来上大学之后的一些权益，然而实际上他对自己的现状相当满意。他惬意地畅想着自己的未来，但是会跟你说他还没有打定主意。未来就在他的前面，当医生仍然是很多人的理想，其实任何跟人打交道的工作都会令他心生向往，包括为社区服务，当警察、精神科医师、心理学专家，甚至去搞外交、研究历史等，可以延伸到任何与人相关的领域。不过，女孩子会优先考虑当兽医、教师、音乐家、医生、牙科医师等；男孩子则更想当医生、运动员、木匠，或者去经商。

他这时并不急于把未来的职业定下来，更关心的也不是上大学，而是近在眼前的高中或者预科学校培训。大多数人（78%的女生、84%的男生）打算上大学，虽然大都还不明确上哪所大学。即使这些人有时候并不确定自己是否真愿意"花那么一大笔钱"去上大学，有些人还在考虑上职业学校是否会更好。

❖ 对婚姻的渴望程度降低

跟13岁时比，他如今对将来结不结婚的问题想得少了很多。14岁的年青人中，只有70%的女生、72%的男生打算将来结婚。而且他还会这么说，"我可能会吧""大多数人都会结婚""我还没有想好""我现在还太小"，等等。这些数据和我们在 50 年代做的那一次调查相比，相当有意思。在那一次调查中，想要结婚的女生比这次更多（100%），而男生却更少（只有 43%）。

总的来看，14 岁的年青人并不急于结婚，他已经意识到在此之前有很多很多的事情要做。有些人甚至认为大学毕业之后先工作一段时间再结婚会更好，不过这并不干扰他对未来的打算。女生在这一方面更是相当现实，已经开始"养育"她想象中的孩子，而且"要求"未来的丈夫在家里什么都能承担，"通通下水道、安装几个书架"之类的。女生对未来丈夫的要求，还不仅仅限于实际生活方面，她们更开始把爱情看作婚姻的基石了。一部分女生以及少数男生还在认真考虑之后认为，未来的伴侣有个好性格好脾气这一点很重要，外表也要考虑，智识也要考虑。不过 14 岁的年青人已经开始明白，至关重要的一点终归是将来两个人之间能否好好相处，跟孩子之间的关系也很重要。

他对未来孩子的想法也相当现实。男生和女生都打算要孩子，不过也都认识到了生活的不确定性。在我们调研的这组 14 岁年青人当中，80% 的女生、78% 的男生表示将来想要孩子。想要两个孩子的仍然占了主流，另外有相当一部分人想要"两三个"。

❖ 具体案例

在人生的某一点，通常来说大约 12 岁之后不久，少年人就会经历一个里程碑式的体验，而这种体验往往能让他获得（或失去）对自己的信心。大约从 12 岁到 16 岁的这段成长历程之中，年青人会渐渐获得一种"真正的自我"的感知。桑迪在跟我们讲述他当年 12 岁的时候得到了那种"真正的自我"的感觉时，这么说道："我不仅仅是'我'，我只是眼下陷在了这个'我'之中。"这时年方 14 岁的他，回忆当初发觉他"真正的自我"只是一时"陷入这个'我'之中"时，眼睛里闪烁着明亮的光芒，无疑表明了他为自己的这份预言能力而感到自豪。

桑迪是高中一年级的新生，刚刚获得了地区性高中摔跤比赛的冠军。他从他如何看待人以及事情的角度描述了这个"真正的自我"，而且跟他刚上五年级的那年 9 月发生的事情挂上了钩，就是通过那件事情，他感受到了自己内心的这份自信。那时候，他实际年龄不过 10 岁半，但是他的心理发育年龄大约超前两年。刚过去的那一年"是我人生中最糟糕的一年"。他的家在那个学期从新罕布什尔州搬到了佐治亚州，在一间租来的房子里住了半年之后，又搬到了他们自己买的房子里，他因此不得不又换了一个学校，虽然在同一个城市，但是属于另一个学区。那是亚特兰大市的一个郊区小镇。（译者注：实际年龄 9 岁，心理年龄 11 岁，都是"最糟糕"的年龄之一；再加上连续换两次学校，真够这孩子受的了。）

因此，桑迪在四年级的后半年里，日子糟糕透了。不说别的，单凭他在佐治亚说带着新罕布什尔口音的话，就足够让一个孩子难堪的了，更何况他还是半道插班的学生。与此同时，一个很能欺负人的坏孩子也同时转学到了他的班上，这个孩子为了能尽快在新环境里找到自尊，处处跟桑迪这另一个新来的插班生过不去。这个坏孩子拉了一帮男生，结起伙来专门找桑迪的碴儿。到了暑假终于来到之时，桑迪一个朋友都没有，人也非常消沉、郁闷。

夏令营的时候，他终于开始了全面成长：个头长了 2 英寸，块头和肌肉也都长了不少。从他给我们的照片中可以看出，他长成了一个宽肩膀的典型的方形少年。五年级开始的时候，他虽然有了一个全新的体魄，但是内心深处却还是那个从四年级下半年的岁月里好不容易挣扎着活出来的、满心憔悴的他自己。他喜欢独自一人听他那小音箱里播放出来的悲伤歌曲，独自在高尔夫球场里踯躅。在那里，假如有人再来欺负他，球场里的成年人往往会伸手相助。

他新学校里的体育老师搞了一个身材测量标准，定时测量学生的成长速度与健壮程度。所有五年级的男生和女生都围绕在操场上那几根高高的单杠旁边，看着每一个同学拼了全力勉强拉起两三个引体向上，而这只不过是老师测量标准的开头几个动作而已。结果桑迪做了 11 个。所有人都惊讶得不得了，桑迪自己更是难以置信。从此他得了一个外号，叫"肌肉男"。

待到他 14 岁赢得高中摔跤冠军的时候，他已经明白，他的自信（五年级的那 11 个引体向上让他从此有了自信）与他的自我意识之间的关联，意识到这就是他内在的真正的自我。他明白，当初年幼的他正是因为对自己的身体有了信心，才能够滋生出对自己的信心来，才意识到自己并不是一个倒霉蛋，而是一个"正常"的人。成长在 10 岁到 16 岁之间的孩子，就仿佛是一群在夜间等候信号灯的人，等待着"我是正常的"这一信号。当桑迪终于收到了那明亮而清晰的信号时，年幼的他顿时感受到了很强烈的自我意识。

我们问他是否还记得他意识到自己人格与个性终于定型是什么时候的事情，用他自己的话描述，那就是"即使等我 40 岁了，我也一样基本上就是这个相同的我了"。他回忆说，他的这种意识从他射精之后大约一个月就开始出现了。"我一直定期手淫，很兴奋很亢奋的那种，但是那么做了一年都什么也没有。终于有一天，有了点什么东西了。我想我应该好好记住这个日子。那时候我 12 岁。从那之后不久，我就有了一种感觉，觉得我的思想往前跨越了很大一步，而现在我明白了，其实就是从那时候起我在某种程度上已经变成了真正的我。至少我从此意识到，这个我也就是将来长大之后的我，你知道，感觉、信念、内在，都不会再变了。"

桑迪领悟到这一层内心意识的时候，他的心理年龄估计已经成长到了 14 岁。这种自我意识刚刚出现的时候，人往往不会当时就能意识到自己有了不同。不过，许多人对真正的自我的这层认识，往往跟他身体上、生理上达到某种真正的成熟度连接在一起。如果是女孩子的话，常常是乳房长到了真正成熟的尺寸之时，就是她能真正觉悟到她就是她自己的时候了。

6. 人际关系：多半会因为意见
不合而闹情绪

14 岁的孩子跟家庭之间的矛盾比较尖锐，因为父母一下子成了最让他丢脸的人、最笨拙无能的人。他会拿自己的父母跟他心目中的"别人家的"相比较，而这两者之间往往相差了好几里地远。父母本身，以及他们应该为自己提供的家、汽车、各种权益，甚至朝气蓬勃，都达不到他的要求。而且，他们多让自己丢脸啊！在 14 岁孩子的心目中，公共场合中的父母就代表了他自己，而他们实在不能让自己满意，而且他们做的事情实在是太跌份了！

我们对此的解读是，一山不能容二虎，14 岁的年青人认为一定要狠狠打压他的父母，他们才有可能让自己站到山头上晒太阳。

至于兄弟姐妹，在他的眼里也跟爸爸妈妈一样，净给他丢人。这一年祖父母的心里也很不好受，明明你一直就是你，好也罢坏也罢，过去他还那么挚爱你，转眼间却对你漠然视之，这感觉真的很难让人受得了。14 岁的年青人对爷爷奶奶也有很多不满："总是翻来覆去说那些老掉牙了的故事。"

当然，就像坐过山车一样，你跟 13 岁到 14 岁的孩子之间也有不少快乐、惬意的日子。一个回转，从 12 岁时的宽容转到了 13 岁的离群索居；又一转，是父母丢了他的脸的 14 岁；再一转，是对你满脸轻蔑的 15 岁；终于，最后又一转，来到了能够友善地接纳你的 16 岁。这几年，可真是变化多端啊！

❖ 与父母的关系：对母亲意见较多，更加依靠父亲

家中 13 岁的孩子长到了 14 岁，其中巨大的变化往往能让全家人大大松一口气。最起码的变化是我们的年青人总算走出了自己的小屋，开始跟家人打交道了。但是，许多 14 岁的孩子依然跟父母相处不好，尤其是女儿和妈妈之间不容易

相处得好。尽管不少人都觉得他已经得到了应有的更多的自由，可还有些人却苦于自由太少，觉得自己时时刻刻处于监督之下。他左突右冲，大喊大叫着他遇到的"严重问题"，矛头主要直指妈妈，只不过他往往把父母绑到一起称之为"他们"。他常常叫"他们""老古董""老脑筋"，说"他们"如今"还生活在60年代"。女儿们常常会为了"谈朋友"和"宵禁"而跟父母争吵；儿子们也同样会为了晚上要出门而跟父母闹矛盾。更何况还有一些"永恒"的问题，诸如作业、衣服、家务劳动等等。有时候母女之间硝烟弥漫，"打得跟冤家似的"，爸爸也往往按捺不住对儿子施以体罚。不过等双方都耗费掉相当程度的能量之后，父母与儿女之间常常也能商量出解决方案来。

这些剑拔弩张的时刻，往往是因为孩子的内在纠结得太厉害了，所以一定要做些什么来解除这种纠结。父母实际上在这样的交锋中变得对自己越来越有自信，尽管他们很可能把这种感觉藏在心里。而孩子也开始对父母的角度有了一层新的认识，感觉到了一份全新的对父母的理解和同情，以及想要帮助他们的愿望。对爸爸妈妈的这种心态，使得孩子愿意把自己的苦恼告诉父母，跟父母一起讨论问题，尤其是交往中遇到的问题（跟妈妈谈的要比爸爸多）。

　　爸爸的批评比过去少了许多，这说明值得批评的事情减少了。14 岁的年青人很清楚爸爸什么时候收得紧一些，什么时候放得宽一些。尤其是女儿最终会接受爸爸的管束，正如一个女生坦率的告白："爸爸要有一双坚定的手，把握住事情的大方向，这一点非常重要。"总的来说，孩子们认为爸爸比妈妈更为严格，对孩子的理解和同情比妈妈更少，但是许多女儿反而跟爸爸相处得更好。尽管如此，她们却不见得愿意接受爸爸表达的爱意。有些女儿在感觉到爸爸温情的回应时，会刻意做出一副满不在乎的神情，冷冷地侧过肩膀去。可是这却会令爸爸陷于不忿之中，甚至可能因此而显露出对女儿出去"拍拖"的嫉妒情绪来。

　　相较于当初对 13 岁孩子那又严厉又涉及面很广的批评，爸爸对 14 岁儿女的批评就显得委婉与柔和多了。他希望自己的儿女更活泼一些，更开朗一些，更友善一些，也更喜欢他陪伴一些。过去他对孩子的一些特别的要求，比如对 13 岁少年学习成绩的严格要求，已经转向了对社交礼仪方面的宽松要求，因为他觉得 14 岁的孩子需要这些了。

❖ 与兄弟姐妹的关系：争吵过后，更多的是快乐时光

14岁年青人跟弟弟妹妹之间的关系，终于比过去有了明显的进步。他认识到家里人对他的批评是有道理的，而他对弟弟妹妹也真的比家里人认为的更好。毫无疑问，他和弟弟妹妹之间还会有一些分歧和争吵，偶尔也有实在被弟弟妹妹气急了的时候，然而更多时候是14岁的哥哥姐姐跟弟弟妹妹之间的快乐时光，比如把自己的经验教训传授给弟弟妹妹，或者满心快乐地教他们跳舞，等等。当然，弟弟妹妹有时候确实很讨厌，常常会故意招惹他，而且最让他觉得恼火的事情是，弟弟妹妹问都不问就拿走他的东西。

大多数情况下，哥哥姐姐对他这个14岁的弟弟妹妹都挺好，比如帮他分析问题，给他以忠告等。但是，他们之间还是常常出现相互竞争的局面。哥哥姐姐可能故意不让他轻松，比如明明可以开车带他一程，却偏要让他自己走过去。又比如当他跟朋友在一起时，哥哥姐姐的到场很可能让他十分难堪。

14岁的女生往往对这种人与人之间的关系更有洞察力，尤其是跟同龄人之间。正如一个姑娘非常贴切的描述："去年和今年的一切都变得完全不一样，就仿佛是你跳进了一个完

全不同的世界中去了。"这个不同的世界难以捉摸，难以把握。14 岁的人会用这样的词汇，"派系""小圈子"，而且她想要"进去"，愿意"跟那些人相般配"，尽管她可能需要"披荆斩棘"才进得去，而且进去后"觉得像是寄人篱下"……所有这些描述（还不止这些），都向我们讲述了一种新的社交秩序，一种能让这些"小圈子"魔法般凝聚在一起的规则。这种"小圈子"可以小到两个人，也可以大到七个人，而且往往可能是一个很排外的圈子。

❖ 女孩选择朋友倾向于对方性格与自己合拍

14 岁的年青女孩选择朋友的条件已经很少像以前那样以大家一起玩耍的共同兴趣为主了。实际上她有时候很可能会惊讶地发现，她跟最好的朋友之间，除了让她觉得"一种亲密感"之外，简直找不出多少共同的地方来。挑选朋友的理由跟以前变得大不相同，比如说，她可能因为对方"很有生活情趣""率性而坦荡""又有女孩子气又有假小子气"而喜欢对方。

一群女生在一起总有说不完的话："我们聊衣服、男生、老师，聊我们对学校以及功课的想法等，反正什么都聊吧。"聊她们的某个朋友的性格特点之类的话题也开始出现（再等上一年，这类话题她就聊得更加艺术了）。女生在闲谈之中也会涉及一些社会问题，而且同样再等上一年，这朵蓓蕾将会开得更加茂盛。

跟"小圈子"中的交往自然免不了会有些纠纷，但是14岁的她已经坦然接纳这一切，因为"好与坏都是连在一起不可分割的"；更何况她现在还不仅仅能够接纳而已。有些情况下，她知道必须"为了能够和大家继续相处下去"而跟某个朋友把话说出来，从而在彼此之间重新建立起一定程度的理解和了解。

这种时尚而又紧密的"小圈子"，对"圈子"中的每个人来说既相当重要，有时候却又让人感到不自在。那些"圈子"外的人往往为此"掬一把同情泪"。她会千方百计想要"加入"其中，比如说拉着她的一个女伴沿着长廊走过，希望能有点儿什么机会。可大多数情况下，她"只是跟她们擦肩而过"。有时候，她的这种窘境能被另一个更有人气（也有点儿同情心）的同龄人看穿，于是这个没有多少人要的姑娘就有可能被当成一个"小可怜"而收留下来。

❖ 男孩选择朋友倾向于他自己乐意

至于小伙子们则是另一番情形，他们往往倾向于"聚集成群"，个个都有一大帮朋友，而不像女生那样只跟一个小圈子打交道。

他在与众人的交往之中进退自如，选择朋友与其说是因为共同兴趣，毋宁说只是因为他乐意而已。他其实不太意识得到他是怎么挑选朋友的，"说不上来我怎么就选了他"，反正他知道自己愿意跟谁在一起，并对朋友觉得心满意足。他跟街坊里的老朋友继续往来，而女生则往往对学校里新结交的朋友更感兴趣。男生跟朋友之间的相处要率性、自在得多，他们中间常常相互打趣逗乐。有些情形以前他不太能接受得了，比如被朋友一把掀翻在雪地里之类的，现在却不会再为之恼怒了，而且还会告诉你说："如今我觉得这不算个事儿了。"

小伙子们在一起的时光往往充满快乐。每一个人的幽默感都能引起共鸣，而且一群人当中往往有一个戏剧大师，每说一句话都能博得满场捧腹，尽管以一个成年人的角度来看，可能并不觉得有什么风趣可言。一群小伙子在一起常常爆发出这种豪爽的笑声，显然这样的"男生派对"的确让人乐在其中。打扑克也是他们喜爱的活动之一，有时候还会下相当高的赌注。真不愧是14岁那张扬的、豪气的、夸张的性格，他能用1毛钱来代替上千点的赌注。随着这扑克打得越来越热闹，你甚至会以为那是一场以百万计的豪赌，而实际上不过是几枚1毛钱的硬币而已。

跟女生的情形类似，男生当中也有人能察觉到另一个人的困窘而愿意出手相助。比如说在童子军活动中，一个遭到别人排斥的男生，可能被另一个人不引人注目地选为自己的露营帐友，以借此来保护他。而且，男生在帮助这类"没人要的人"的时候，常常比女生做得更彻底、更守信。他更可能会跟对方站在同一条战壕里，直到他渡过难关。虽然有些男生本就是一匹不合群的狼，可即使是这样的人也可能会在放学回家的路上稍微"放开一点"，到朋友家坐坐，而这在一年以前根本是他想都不会想的事情。

❖ 异性关系：主动接近对方

这种与人交往的浓厚兴趣，使得14岁的人对与异性交往有了真正的动力。不但女生对男生更加感兴趣，而且男生对女生也相当感兴趣（但是这种感兴趣跟女生很不一样）。他们可能跟以前一样，在公共汽车上，在学校大厅里，在小杂货店里"偶尔"相遇，但这常常只是更多后续"拍拖"行为的一块跳板而已。大多数男生现在都觉得女生"不再是令人讨厌的人"。14岁的年青人在我们的调查报告中宣称，他的朋友大多数都对女生感兴趣。小伙子往往颇有自知之明，知道跟自己同年龄的女生可能会不买自己的账，因此他会小心谨慎地投石问路："如果我请你去跳舞，你愿意吗？"女生总是很清楚自己心目中的人是谁，因此假如有别人来邀请她，她会假称自己很忙而毫不体恤地一口回绝。

派对上的男男女女比过去玩得更开心。男生不再都站到一边去，他会跟女生一起聊得更融洽，处得更和谐，虽然有时候女生也不得不附和着聊聊打球什么的。姑娘们也愿意跟"大"一点的男生一起玩，因为他们没那么能吵能闹。跳舞可能变成大家都喜欢的活动，而且95%的男生（可只有16%的女生）说他们借此"亲热"了。大部分男生宣称他们在派对上喝了酒，另外还有28%的女生和50%的男生表示用了毒品。

14 岁的年青女孩最喜欢的派对，是那种以自发形式为主的，很少特意计划的聚会。尤其是假如家里能给年青人提供一间单独的屋子，家长在最初的半小时出来招呼一下，给客人以宾至如归的感觉之后，就退到一边去，让这个聚会自由发挥下去的话，这样的派对往往最为成功。他们可能弹弹钢琴或吉他、唱唱歌、跳跳舞，或者随便聊聊天。爸爸妈妈会觉察到这样的派对跟去年相比完全不可同日而语。男生和女生在一起相处得顺畅很多。

吃东西在派对上现在只是附带的交往活动之一而已，只有一些专爱捣乱的男生会去把冰箱洗劫一空。家长态度坚定的管束以及对年青人的理解，可以让这样的捣乱行为得以控制。

大约有⅓的女生和½的男生，声称他们花很多时间"谈朋友"。一大半的男生和女生表示他们已经开始"稳定下来"，或者早已"稳定了下来"。绝大多数人说自己以及朋友"亲热"过，另外还有超过一半的人说自己或者朋友已经"那个"了。

女生知道一个男生跟好几个女生"好"，反过来也一样。不论男生还是女生，心里都明白他或者她想跟什么样的人"好"。最首要也最重要的是，两个人的交谈要有足够的风趣与乐趣；其次，一定程度的机智和带动话题的能力也很必要。女生尤其喜欢对周围的路径很熟悉的，而且可能喜欢走得"再远一点"的男生，而且她们通常愿意与其他男生都喜欢的男生交往。不论是男生还是女生，都不喜欢那些自以为是、多嘴饶舌的人。女生还意识到长相并不代表一切，男生也同样开始有了这样的觉悟。一个开始以为凭自己的长相与随和就能招众人喜欢的女生，往往到头来变成最不受欢迎的人。名声和谣言会四处流传。

"谈朋友"的形式也花样百出。从最普通的家中派对，到看电影、体育活动、外出野炊，到一起扎堆滑冰，什么都有。
14 岁的年青人既喜欢两对人一起玩，也喜欢一大群人一起玩，
当然也有两个人单独行动的，特别是一个 14 岁的女生跟一个
年龄稍长的男生的话，则往往更是如此。

有些女生"拍拖"的时候可能会比较任性，说"掰"就
"掰"，不在乎"甩了他们""分道扬镳"。她这么做不见得能
有很清楚的理由，但是"心"这东西是最捉摸不定的，她甚
至会让你也觉得她是为了甩开一种要求过度的关系才这么
做的。

7. 活动与兴趣爱好：喜欢参与各种活动

　　14 岁年青人的生活相当惬意——充满了兴奋、充实、积极，而且常常是快乐的体验。他做了些什么，那是次要的，重要的是他如何把自己参与的各项活动与他的整个生活挂起钩来。比如说他已经有能力根据季节的不同而计划好一整年中他感兴趣的活动。因此假如你问他都喜欢些什么运动，他常常会把夏天以及冬天喜欢的活动分别告诉你。最能让 14 岁青少年感到快意的季节，往往是夏季。这个年纪的人一般不喜欢出去露营，而是更喜欢一些随性的、活动频繁的，跟异性和同性交往密切的居家暑期生活。

　　冬天的时候，占据他主要时间的场所往往是学校。他几乎一整天都待在学校里，参加各种课余俱乐部的活动，晚上还要回家写作业。但是他很接受这一切，而且其他活动的安排也都能以满足学校生活这一最基本的义务为要。

❖ 户外活动

男生和女生在运动方面的兴趣相差非常明显。打篮球是男生的最爱，棒球和橄榄球也备受青睐。小伙子们越来越强悍的肌肉需要通过这些活动展现出来。运动健将们从这个年龄段开始真正崭露头角，而且往往因为他的非凡表现而备受同龄人的推崇。即使一个人觉得自己"没有顶尖级的运动细胞"，或者认为自己"块头太轻了"，仍然想要成为某个运动队中的一员。校内运动为 14 岁年青人所喜欢的竞争提供了各种各样充分的机会。

女生对运动的热情不见得有男生那么高，一般来说她会参加些什么活动，很大程度在于学校能提供些什么条件，以及学校营造出来的运动气氛。排球和曲棍球是最受欢迎的集体项目，网球和乒乓球也很受欢迎，甚至久违了的骑自行车也会重受青睐。另外，男生女生都喜欢滑旱冰。

❖ 室内活动

室内活动也有了很大的变化。13 岁时对业余爱好的热情转变成了14岁对人际交往的浓厚兴趣。男生打电玩的兴致依旧不减。女生则对之前喜欢的针线活继续感兴趣，也许还能给自己设计并制作几款衣服。喜欢绘画的男生女生也不乏其人。

但是他们的时间主要花在了人际交往之上，要么男男女女各自扎堆，要么不分男女一起扎堆。结伙打扑克越来越热门，而且表面上已经像是成年人的做派了。牌友之间的结构相当松散，不断变动和交替，而且随时变动随时能相对稳定下来。当男女双方都参与其中时，一切都会显得更加不稳定一些，牌友之间的组成结构更加松散，变换也更加频繁。（在一个晚上的牌戏当中，某个男生对女生的兴趣就能从一个人身上转到另一个人身上，这种情形相当普遍。）

跟人以聊天的模式交往，在女生来说似乎不论任何年龄段都对她至关重要。14岁的姑娘们自然也少不了聊天，扎堆聊也好，煲电话粥也好，甚至是写信，都能满足她们对聊天的需要。有时候她太离不开电话，以至于家里不得不额外加条线。在这种情况下，父母应该针对打电话设立相应的规矩，当然也要给孩子留有一定的弹性余地。

❖ 俱乐部以及露营活动

跟 13 岁时相比，14 岁孩子的俱乐部性质变了，许多孩子又回到了童子军中，回到了露营篝火的旁边。他们喜欢参加"青年馆"以及"四健会"组织的活动，另外还有学校以及教会组织的俱乐部活动。如果学校允许的话，14 岁的年青人可能开始组织新的秘密的女生联谊会以及兄弟联谊会。

❖ 阅读

花在读书上的时间，很大程度上有赖于每个人不同的喜好。有些人除了学校作业指定要读的书外不再读其他书；有些人则喜欢读很多书。每个人的阅读兴趣也截然不同，特别是现在他们已经开始涉足成年人的领域。他有可能因为喜欢某个作者而读遍该作者的书；他也许会特别喜欢或者不喜欢某些类别，例如"只要是讲远古历史的书我都喜欢"，或者"只要不涉及政治就行"。他是否读书也要看他的兴致如何，而有的书本身就很可能影响他兴致的高低。比如说，毫无价值的杂志就很败他的胃口。当然，大多数情况下读书总能让他感到愉快。

大多数 14 岁的报纸读者往往只是随便翻翻，只有少数人会一版一版从头读到尾。读得最多的是新闻版和娱乐版，也有些人喜欢人物故事、某些特别专栏，以及社会生活版。体育版、电影版、电视介绍等仍然占有它们的席位。阅读杂志的兴趣逐年稳步增加，你若是推荐说某篇文章也许他会感兴趣，他会欣然受之。

❖ 需要久坐的视听活动

通常来说，14岁的青少年在看电视与听收音机方面没什么大问题。有些人只是偶尔才看看、听听，因为他要么有很多其他事情忙碌，要么就是对这些节目不再感兴趣了。

超过50%的女生宣称，她们一个星期看电视不会超过10小时；男生会稍微多一点，一个星期大约15小时或者更少一些。听收音机、听音乐可能只是在他写作业的时候作为背景音乐而已。

根据每个人的不同性格，他们对电视节目的选择品位差异相当大。男生一般更喜欢看喜剧片、体育节目，以及描写坏蛋的片子。女生则大多喜欢看喜剧片、故事片、连续剧，以及家庭故事。不论男生还是女生都喜欢摇滚乐，假若听众中有一大群14岁年青人的话，碟片播放员很容易就能感觉出来。

对摇滚乐唱片的兴趣在13岁的时候就已经相当强烈，到了 14 岁变得越发浓厚。14 岁喜欢收集属于自己的唱片，但是有可能觉得为了这一兴趣爱好他的经济负担太重了。而听收音机的成本则低了很多很多。而且，他总是要把声音放得很大，而且还要听上好长一段时间。

去电影院的兴趣，在不同的街坊里差别会很大。有些电影是"非看不可的"，不过每周一次或者每两周一次上电影院的惯例，不再像过去几年那么流行了。

❖ 吸烟、喝酒、吸毒

吸烟：所有我们这一年龄组中的女孩子，以及 88% 的男孩子，要么说自己吸烟，要么说他认识的朋友中有人吸烟。吸烟的女孩子往往认为她有自己的理由，"手上有点什么事情可做""如果不这样的话，别人还会把我当小孩子看"。根据姑娘们的汇报，很多学校里的女生吸烟"只是为了摆样子，但她们说得就好像是真的一样"。

喝酒：在讨论喝酒这一话题时，许多 14 岁的年青人现在会主动把话题锁定在同龄人身上，而不再牵扯到成年人。也就是说，喝酒或者不喝酒已经是他同龄人的问题了。而且，74% 的女生和 80% 的男生说他们的朋友当中有许多人喝酒。

吸毒：而今，统计数据不但跨越了 50% 的线，而且很可怕地接近了100%。在我们这一年龄组的年青男女当中，90%的女生、82%的男生表示，他们认识的朋友当中至少有些人吸毒。而且这个年龄组的报告中，大多数年青人都能说得出使用毒品的大致频繁程度。42%的女生表示她知道的那些吸毒的人"仅仅是偶尔为之，只是为了跟大家合群、做样子"；但是也有32%说是"真的陷入其中"；另有14%认为二者皆有之。男生们的数据如下：52%在报告中声称，大多数吸毒的人只是偶尔为之，跟着朋友随大流；24%说是"真的陷入其中"；另有10%认为二者皆有之（虽然自相矛盾，但这就是原本的真实数据）。

不论是男孩子还是女孩子，现在都能说得出"朋友"都是用哪些毒品。根据女生提供的数据，毒品主要限于大麻这一种（或者借用她们的说法，那叫"草"[weed]或者"锅"[pot]）。82%的女生在报告中提及了这一品种。另外比较实质性的数据，还有36%的人提及"酸"，另外36%的人提及"快"。根据男生的数据，74%的人在报告中提及大麻（也就是"锅""草"），除此之外，没有其他实质性的数据报告。

14岁孩子的同龄人中，因为吸毒或者喝酒而招惹了麻烦的同学或者"帮友"，女生的数据是52%，男生的数据是32%。

❖ 具体案例

德雷克

德雷克深夜两点又给我们打来电话，说他觉得难受极了。从他很小的时候开始，我们就一起经历了许多类似的艰难岁月。多少年来，我们一直试图找出造成这孩子如此困扰的真正原因，我们不但从他的心理而且也从他的生理方面着手做了很多的努力。他常常会遭遇某种不可控制的幻觉，包括听觉上的、视觉上的、嗅觉上的、味觉上的幻觉。有时候他甚至产生了这样一种幻觉——他跑到了自己的身体之外，这使得他的世界扭曲得非常厉害。

其他孩子需要通过摇头丸等其他迷幻药才能"获得"各种各样的幻觉体验，而德雷克从 7 岁的时候开始就一直摆脱不了它的纠缠。深夜电话一次次地打过来，我们都会陪伴这孩子熬过每一个艰难的夜晚，情况也一点点地慢慢改善。

我们很熟悉肉豆蔻的毒性，这东西能让人在视觉上产生幻觉，以及恶心、头疼等各种让人很难受的症状，因此，即使是在康涅狄格州这个"肉豆蔻产地"，我们也从没有听说过有谁会像吸食可卡因一样地使用肉豆蔻。但是，德雷克却用这种方法来让自己好受一些。他常常陷入某种极端状态，整个人都坐卧不宁、焦躁不安、整夜失眠，为了寻求药物与治疗，他选择了求助于肉豆蔻，求助于这种并不合适的治疗方法。我们很难说得清他深夜两点钟的煎熬是肉豆蔻的毒性造成的，还是肉豆蔻没能起到应有的作用而造成的。

德雷克是在寻找药物治疗他的难受感觉。在求助于肉豆蔻的6个月中，他还找到了另一种东西，那就是酒。而且还真的起了作用（临时性的作用）。酒能让他从焦躁不安中解脱出来，可是这却吓坏了他的妈妈。酒对许多青少年来说是一种享受，但是对德雷克而言，却是酒的"治疗效果"在吸引他。

"吸毒"流行在许多10岁到16岁的青少年之中。不论这是一种多么负面的、不应有的行为，对有些人来说，这却是一种可理解的行为，是孩子探索这个世界以及他自身的一种行为。喝酒，还有其他吸毒行为，在某些孩子来说，是一种"自我冥想"，是对生活厌倦以及对成长之痛的一种药物治疗。你可以把这理解为孩子只是想解除痛苦，尽管这种痛苦可能有其他更好的治疗方式。目前的状况是家庭医生以及精神科医生越来越广泛、越来越大剂量地使用酒精以及街头毒品，来作为针对德雷克这样的年青人的治疗药物。而我们认为本书中所探讨的13—14岁年龄段孩子出现的问题，更有可能是营养不平衡所导致的，因而，在考虑如何为孩子治疗之前，首先应该从饮食入手对孩子进行治疗。

诺拉

吃，跟吸毒完全不一样，是一个人生存所必需的一项行为。在婴儿时代学习自己进食，是孩子构筑独立意识一个非常重要的里程碑。能够由他自己来掌控以及选择要吃什么东西，对许多八九岁的、一直按照父母的要求吃健康食品的孩子来说，不但是他有意识的行为，而且更是他追求的目标。而对于许多 13 岁到 14 岁的孩子来说，在这段时间里他不但获得了"吃"的解放（译者注：可以自由自在地在外面买东西吃了），而且常常通过他在饮食方面的各种秘密探索而学到不少东西（比如说，吃进去的冰激凌和炸土豆遭到"原路遣返"，因为孩子的消化系统在抗议"太多了，太快了"）。可是，也有一些教训却太过于微妙，以至于不论是孩子本身，还是他的家长、医生、心理学家乃至于教育工作者们都察觉不到已经发生的事实。

"我 12 岁的时候，"诺拉对我们说，"吃就是我最喜欢的事情。实际上，那也是我们家最喜欢的事情。只要我们几个小孩商量要去做什么的话，我们首先肯定选择吃。有时候我们也会决定出去，那是为了让父母觉得，我们除了吃之外还愿意出去做点别的什么事情。可我们当然知道出去之后，我们会去某处做那件最重要的事情——吃。即使如此，我们也自己控制着自己。这很正常。随便你去问哪个孩子，他最愿意做的事情是什么，我敢打赌，你得到的答案肯定就是个'吃'……从那之后到如今，我又长大了一些，吃东西慢慢变得有些古怪起来。"

首先，她渐渐发现狂吃（特别是狂吃冰激凌）能让她有"高了"的感觉。那是一种快感、一种晕眩，每当她干掉"一大罐"冰激凌之后，那种飘飘忽忽的感觉能一直延续一个多小时。"我把冰激凌叫作飘宝、膨宝。"诺拉一边说，一边向我们讲述了后来如何在学校里从同学那儿学到了"吐"：把吃下去的东西吐出来，不但能让胀得难受的肚子变轻松，而且还能强化和深化那种"吃高了"的感觉。

"东西吃下去的时候，味道很好，东西倒出来的时候，感觉也很好。这一种组合，简直没有什么能再与之媲美的了。"她轻柔地说着，嘴角带着一份嘲讽，因为她知道这一习惯行为正是父母带她来见我们的原因，在父母看来这已经是她无法控制的事情了。"而且，你知道吗，这是我的秘密，这是我自己的事情。尽管我妈和我爸说我患了贪食症，而且大家也都知道这回事，但是，这仍然是我自己的秘密。这是一件完全在我掌控之下的事情。"她微微一笑，知道这事情从另一个角度来看，就是她其实已经被"它"掌控了。

　　这个"它"，在这件事情里就是所谓的贪食症，这个名称让你觉得，那是攻击人身健康的各种各样疾病当中的一种，这个"它"应该有个"病因"，也应该有个"对症治疗"的手段。可是我们觉得，把贪食症当作一种疾病来看，不见得真能有什么帮助，因为这种看法不但会引导我们以"疾病治疗"的统一模式来看待孩子的这种问题，更会使得我们忽略了每个孩子具体情况的不同。像诺拉这样的情况，"它"不仅仅是一种极为夸张的青春期行为，而且更是孩子有意强化自我的一种行为。这一非常重要的事实（而且对许多孩子都一样重要），使得处理这样的问题需要格外花功夫、花心血。孩子这种奇特的而且常常是秘而不宣的饮食习惯，居然已经延续了一年。对于如此快速成长的青春期孩子来说，这一年所造成的生理上的负面影响，很可能致使这一问题出现的根源长久地潜伏下去。

　　换句话说，我们必须明白，让诺拉"高"的原因，已经由"吃高了"变成"吐高了"这一点非常重要。还有一点同样重要的是，我们必须明白，一个人有过"高"的体验以后，为了逃避"低"的感觉，他往往会频频去刻意追求"高"的感受。一个人之所以会上瘾，一个很大的原因就是为了逃避"低"，因此，必须通过这个令他上瘾的行为，去追求"好"的也就是"正常"的感觉。因为生理和心理成长的需要，青春期的孩子需要有自己的秘密，需要那种由自己来掌控一切的感觉（不论那是多么虚幻的感觉），需要去探索他身上方方面面的能力极限，这些都太容易让青春期的少男少女陷入对某种行为上瘾的危险之中。

这种自我延续并强化的行为，就是上瘾行为，也就是不利于成长的行为，更是一个健康的年青人在正常范围内的夸张行为，这中间的界限十分模糊。若想找出某个孩子现在处于这条界线的哪一侧，我们不但需要考虑到这个孩子的总体发育状况，而且要特别关注这个孩子是否在适当的时间往前走入了新的成长阶段，这样，才能帮助我们更容易做出正确的判断。如果父母怀疑孩子的问题比较严重，他的行为是不利于成长的行为，那么应该立即寻求专业人员的帮助，而不应该延迟。

8.学校生活*：才华和能力得到最大程度的绽放

❖ 敞开心扉接纳新事物

14岁的年青人已经准备好迎接一切改变，而他要面临的是能够满足他这个年龄向外拓展的心性的一个相当大的改变。过去那种对什么都怀疑的敌意心态消减了很多。面对新的领

---

* **作者注**：我们在对高中学生的观察与研究中所选择的学校，都是学生背景比较相似的学校。如今许多公立学校的学生家庭背景相差非常大，学校的大小及结构相差也非常大，这些差距使我们对不同年龄段的描述不怎么突出了。针对一些想要更全面了解高中学校生活的读者，建议你参考萨拉·劳伦斯·莱特福特的著作《一所好的高中》。

域，他变得愿意打开心扉去迎接。他在课堂上比以前更能安静下来，不过跟 13 岁比起来，他不再内向得那么厉害，在小组学习中相对喧闹一些。这种更为安详的内在却与一种对立矛盾的成长密切相关；对自己的兴趣越发浓厚，可是对自己的自我意识却平淡了下来。他对自己性格的不满意更少了，对别人批评指责的戒备之心也更少了。他变得更加沉静，更加明智。

他常常绽放出新的素质来，使得他在任何一种学校环境下都能显出才华来。他们和谐地交织在一起，相互更为尊重，也有了更多的想法。这时候，14 岁的他显然展露出了最美好的一面。不过，他有时候也一样能让老师觉得失望，因为可能把自己伸展得太宽了，精力和时间都放在了华而不实的地方，从而忽略了课堂作业。

其实课堂作业只是他学校生活的一个部分而已，有时候甚至是一个相当小的部分。不论是男生还是女生，上课前、放学后，以及课间休息时（有时候甚至在上课期间），总要跟朋友一起忙活个不停，以至于课堂上的功课显得就像是他们繁忙的交往活动中的一个个小插曲而已。学校为 14 岁年青人所需要的交往活动提供了一个很好的跳板。朋友之间甚至能约好在上学路上碰面，至于那些需要搭乘公共汽车来上学的孩子，路上往往男女分开，各走各的。

如果学校里设有每个班级的主教室的话，那么这会是一个最好的场所，可供学生施展他们安排、组织各种交往、事务、活动的本领。14 岁的年青人很热衷于选举各种学生头目，当然这一活动仍然需要老师相当程度的督导。那些运动健将常常被选出来当头儿，有时候也会要求胜任某项工作的具体能力。而在这种情况下，尤其需要老师把条件和要求解释清楚，这样学生才能够选举出更合适的人来。

在主教室里，男生和女生还可以组成不同的小组（除非学校非常刻板，课堂里非常拥挤，而且没有任何共同兴趣的纽带）。这个年龄的学生喜欢跟自己的小组关系密切，而且喜欢用不同的小组名称来相互区分。任何一个人做的事情都可能影响到整个小组，不论是好的影响还是不好的影响。他们喜欢一个小组聚在一起做事情。

❖ 师生关系融洽

14 岁的学生跟老师之间的关系，跟 13 岁时比大有进步，他甚至会认为某个老师很有趣。他当然知道自己对老师比过去好了很多，老师对学生的态度也因此好了很多。他对老师提出的批评显得比过去更为中肯，而且跟具体的事实直接相关。如果老师没有同情心、对人漠不关心，或者是思路清晰、富于创意，学生自会坦率地说出来。

14 岁年青人的老师需要善于利用学生的特点进行分组。可是如果针对不同小组的通知都用大喇叭喊一通，则变成了令人讨厌的打扰。老师必须带领学生回头重新开始，否则他们的注意力就散掉了。营造一个好的学习氛围非常重要，可不幸的是一个好的学习氛围往往轻易就能被破坏掉（毫无疑问，在有些学校里这种破坏不仅令学生茫然无措，甚至出现暴力行为）。

　　在课间休息时间，年青人一秒钟也不舍得浪费，立即就聚到一起大聊特聊。女生们就像是弹簧玩具盒里的小人儿似的，噌的就弹了出来，立即朝一个朋友聚拢过去聊起天来。有趣的事情要赶紧讲出来，皮夹子里的照片也要拿出来给大家看。男生们则更像是一群体形庞大的狗，互相撕咬着玩。开始时可能还比较安静，随后喧闹声越来越响亮。有位老师对我们说，喧闹声已经成为这个年龄段的一个有机组成部分了，以至于学生们自己完全充耳不闻。

　　发育缓慢一些的 14 岁孩子，往往在这些群体之中显得鹤立鸡群。他会去推别人、朝别人扔东西，而且说起话来滔滔不绝，一点不给别人机会。他的笑声最为响亮，而他讲的笑话纯粹是为了吸引别人的注意。他会逃学，而且往往对他人怀有敌意。这样的人跟群体里的其他人不太相融，他也许会伸脚去绊别人，使劲拧别人一把，或者把别人的书藏起来。

对于这样的学生，老师需要给予特别关照，不但要帮他评估与选择适合他的地方，而且还要随时关心他是否需要某些特别的帮助。

❖ 异性关系不稳定

男生与女生之间的关系，分分合合。一些男生还停留在格外在意自己的阶段，小组活动时会拒绝女生坐在他身边；而另一些男生则刚好相反，巴不得在学校大厅里、小组工作中、俱乐部活动中跟女生搭讪。女生往往比男生更向往有个异性朋友，正如一个女生所说："你都想象不到，有了一个男朋友之后，心里多么踏实。"男女之间的关系，如果男生比女生稍大一点儿则会更为融洽，其实这一点在大多数年龄段都是如此。女生之所以更愿意和年龄稍长一些的男生交往，往往是因为这样的男生会略微成熟一些。大约有⅓的女生、½的男生在跟别人"谈朋友"，只不过"定下来"的关系往往不超过几个星期。异性之间的吸引这时候分外强烈，不论是男生还是女生，现在都喜欢男女混合的集体活动，比如一起在学校用餐，一起去做社区服务，一起计划跳舞晚会等。这样的活动都很受 14 岁年青人的喜爱，他们需要这样的环境，而且他们都知道在这样的环境里自己应该有些什么样的表现，才能使他跟异性的交往更加顺畅。

❖ 课程进展出现不均衡现象

跟过去的一个很大的不同是，我们现在已经不可能比较周全地进行我们的课程介绍了——这个年级的课程忽然间生出了太多的复杂的变化，我们只能略微提及少数几门功课而已。天赋比较好的学生，往往数学（包括代数）、作文、英语，以及拉丁语各方面表现出色。尽管有人说14岁的学生可能拒绝学习拉丁语，但是他也有可能愿意接受这一挑战。这个年龄的人需要通过不断的失误来学习。只要有可能，学校应该允许他们去尝试一下，哪怕以失败而告终。只要这种失败不会被当成耻辱，这样的阅历能给14岁学生的健康成长带来很多好处。这个年龄的孩子还不是很乐于听取劝告，因此通过失误来学习对他们来说大有裨益。

社会学的整个领域，包括政治、时事、读报等，可能不太会让学生感兴趣。但是，他通常会喜欢在课堂上表现自己，比如发表演说、作口头报告、参加戏剧表演等等。对"人"的学习兴趣逐渐浓厚，包括人的身体、生理以及心理等，他愿意而且渴望对自己了解得更多一些。如今，家庭作业已经被他当作日常生活的一部分，当然他也会抱怨作业越来越多。

❖ 课外活动备受学生喜爱

　　课外俱乐部活动非常流行。每个学生都应该找到适合自己的位置。这些课外俱乐部包括体育、科学、戏剧、音乐、摄影等诸方面。运动细胞不是很发达的人可以参加保龄球俱乐部，溜旱冰俱乐部常常会给那些在其他地方找不到合适位置的人提供一个很好的机会，让他们也能参与到小组活动中来。每个学校都应该为学生提供多样化的俱乐部组织，这在很大程度上能够取代女生联谊会以及男生联谊会。

　　14 岁年青人的生活的确相当充实而活跃，而且越是活跃他越是欢喜。其实学校应该为这个年龄的人提供更多的帮助，比如为学生们提供适合他们的各种活泼多样的活动。有时候，学校甚至需要把家长请到学校里来，帮助平息及缓解一些问题和冲突。万幸的是，如果能让学生认识到学校和家庭的联手合作，那么大多数学生还是愿意接受家长的管束。

　　设立单独属于 14 岁学生的学校，这一想法目前还没有经过实质性的试验。有的地方试行的结果表明效果相当好，而且从理论上来说，这么做显然能解决许多因为处于 14 岁过渡期而带来的问题。这世界上没有什么万能方案，而且来自多方的批评显然反对这种做法。但是，假如 14 岁的学生能够有机会体验这样一种环境，而且能够自由地表达出他的看法，我们相信，他们一定能在这样的环境下茁壮成长。

9. 道德意识：构建自己的道德观念

❖ 道德意识成为自身的一部分

14 岁的年青人不再时时刻刻都很清醒地意识到自己的行为是否符合道德要求，因为道德意识实际上已经成为他的一部分。13 岁时强烈的是非意识，良心的局促不安，那种觉得事情"糟糕透了"的念头，统统都淡化了下来。就好比他的衣服时时刻刻穿在身上而他不见得刻意留心一样，他的道德意识也是如此伴随着他。

即使是那些时时意识到自己要遵守规则的墨守成规的人，现在也开始构建自己的"道德观念"。他已经能明白自己之所以形成这样的道德观念，跟多方面的影响都有关系。正如一个年青姑娘所解释的那样："你的道德观念不可能纯粹是别人教导给你的。有一部分是，可还有一部分是你自己的想法，是你通过生活、阅读以及观察别人的所作所为而学到的经验。"14 岁年青人在思维行为上的多样性和灵活性，使得他能够做到把来自生活中的不同影像跟他自己已有的道德价值观啮合起来。

❖ 不再局限于对自我的关注

对道德的关注超越了对自我的关注，他不但要思考一些更大的问题，而且开始思考他跟不同群体之间的关系。比如说，他开始意识到对待弱势群体的问题，以及种族歧视、排斥异己等问题。基本上来说，这个年龄的人更具有包容性，对其他人既尊重又感兴趣。

他不但愿意而且渴望跟别人分享他的经历和体验，比如在社会学课堂上跟同学分享，包括那些不同于他的其他种族的人。14 岁的他比其他年龄段的人更愿意留给别人一个机会。

在判断什么是对什么是错的时候，大多数情况下 14 岁的青少年不会感到困难。不过，尽管他知道通常来说怎么做才是最好的，可是紧接着就会告诉我们说："但这并不意味着我在任何情况下都能做出正确的抉择。"他的行为抉择无疑会受到多方面的影响。有些人"本来就知道"那是对的，"有个清晰的观念"，或者"凭直觉""凭感觉"就能做出正确的抉择。有些人会更容易受到家人、朋友、他人的看法左右，以及宗教的影响。还有些人则要先盘算一下再做决定，他会在心里先掂量一下这样做会有什么好处、什么坏处，掂量一下谁会受益、谁会受损。有时候，他会感到两种力量来回拉锯：这么做最不得罪同龄人，可是那么做又最让父母满意。父母的看法对他来说十分重要，哪怕仅仅是为了避免在父母那里惹麻烦，可是有时候他还是会把父母的教诲"稍微往后放一放"。

❖ 良知不再是做决定的最大砝码

14 岁年青人在做决定的时候，良知感并不总是占据十分凸显的地位。如果需要针对某些大问题做出决定，他的良知感会站出来为他做出指引，不过他很少因为失误而感到"良心的折磨"。对已经做错了的事情，他似乎不会过于忧心忡忡，而更会把心思放在该怎么做出弥补之上。这份淡漠让他更容易面对错误，但是当他遇到尚不能应对的情况时，也同样可能让他陷入麻烦之中。

虽然一方面他不会因为良心不安而太受折磨，可是另一方面他也不会因为要说实话而太受折磨。年青人可能时不时地把事实"拉得有弹性一点",而且还可能质疑到底有没有人真的能做到"绝对真实"。但是他们大都不会说些不折不扣的谎言。如果事关重大,他会选择说实话,并愿意为了某些他认为重要的事情站出来。不论是为了自己的利益还是为了帮助别人,他都会以实相告。

❖ 喜欢跟人争执

跟 13 岁时更愿意避免争执相反,14 岁的他现在看来不但喜欢跟人争执,而且简直把这当成了乐趣。大多数人都有了足够的经验,知道怎么能让一场争执收场,也知道跟谁争会最好玩。爸爸总是不会输的,因为他占了年龄的优势("跟我爸争论时,我现在开始学会不再跟他讲道理了"),也因为他总能有办法结束一场辩论("不要再跟我争论了")。但是妈妈看来常常会陷入儿女的诱饵之中,而且常常会输给孩子。不过总的来说,14 岁的青少年在面对大事情时毕竟还是愿意听你讲道理。

❖ 身陷烟酒,甚至沉溺其中

说到烟酒,14 岁的年青人显然已经身陷其中了,即使他自己没有染指，也一定有朋友沉溺其中了。实际上，几乎所有的 14 岁青少年都说他们的朋友（假如他自己没有参与的话）会抽烟；另外 ¾ 的人说自己或者朋友喝酒。还有超过 ¾ 的人说至少有认识的朋友吸毒。

他对这些问题看得并不那么重，无非是就事论事而已。他现在很少还会为成年人酗酒而觉得讨厌，只要他们"不要过度就好"。大多数人都会担心朋友喝酒上瘾，但也不会去责骂他们。对大多数人来说，烟酒还不会令他们陷入麻烦之中，但这也要看运气了，毕竟有一半的女生和 ⅓ 的男生承认，他认识的人当中有因为吸毒或喝酒而惹上了麻烦的。

❖ 对脏话抱以宽容的态度

他不再像过去那样反感别人骂脏话，而且自己也很少骂脏话了。13 岁的人骂脏话一半是为了释放自己内在的紧张，一半是为了让自己觉得他也是"团队"中的一员。但是现在他不再有这样的需要了，因为他已没有那种 13 岁时常见的憋屈得难受的内在紧张，更因为他有了不同的方式让自己觉得是"团队"中的一员。不过不论怎么说，对骂脏话这件事，他如今往往认为"每个人都骂脏话"是理所当然的事情。

❖ 把公平看得尤其重要

14 岁的年青人已经能够很好地适应生活，欺瞒这样的事情往往算不得一个问题了。即使还有些人会有欺瞒行为，往往也只是在他不怎么好的功课上有些作弊或者偷看行为。如果课堂里的欺瞒行为过于严重，那么问题可能出在老师或者教学方法上。有些老师的学生从来不会在课堂上作弊。老师对学生是否公平对 14 岁学生来说非常重要；同样，学生对老师是否公平对老师来说也非常重要。

大多数 14 岁的人不再动偷东西的念头，虽然有时候他也会回想起几年前自己干过的坏事。（作者注：我们这里指的是到商店里偷东西，而不包括打劫以及掏人钱包，而且这样的行为据我们所知不曾出现在我们的研究对象身上。）而且他注意到不少偷东西的人既不是因为穷也不是因为无可奈何。因此，以他现在更为宽容的包容心，他可能会这么说："我想那些人只是手痒痒了吧！"

超过⅔的女生以及只有⅓的男生认为大多数政治家都不诚实。另外，大约占总人数⅔的人认为美国在取消种族隔离方面的努力做得不错。68% 的 14 岁年青人认同 ERA。有一个不认同的女生对我们说："我不认同 ERA。假如这一修正案真的通过了的话，女人就不得不上战场跟男人对阵。然而实际上，女性就是比男性更柔弱。"

Chapter 4

14 岁之后历经波折的成长脉络

　　度过开朗、乐观的 14 岁，接下来的 15 岁、16 岁的少年依然处于青春期阶段。他们的"独立"意识越来越强烈，渴望自立门户，从家里走出来。15 岁的孩子处于成长的不和顺期，他又开始进入看什么都不顺眼的阶段，与家人、老师的关系糟糕起来；而 16 岁又进入和顺期，继续呈现阳光开朗的一面。如果你很难理解孩子 14 岁以后的行为，那么希望本章内容能给你些许启发。

1. 极其渴望独立的15岁孩子

　　这本书本来讲到孩子14岁就应该完结了，可是你的儿子和女儿还要继续成长下去。这里就14岁之后会是什么情形，给你一个大致的简述吧！

　　14岁的孩子，相对来说是明快的、开朗的、快乐的年青人。如今转入15岁，他却发现几乎整个世界，尤其是在成年人的世界里，人们所想的、所感受的、所说的，都是那么地跟他不对板。这对一个15岁的年青人来说，日子可真不好过。年青的小伙子和大姑娘如今对自由和独立的渴望到了极点。他太需要从成年人的世界中独立出来，以独立成年人的身份生活于成年人的世界之中；可是成年人却认为，他目前还没有能力独立。

　　"我实在受不了我妈。她的想法跟我怎么都不一样"，这很可能是典型的15岁孩子要对你说的话。要么他很可能这么说:"唉,我多么希望我能够离开我的家,自己住到哪家旅店里去。"如果这时候你问:"那你觉得谁该掏住店费呢?"他肯定会这么回答:"那当然该我爸掏钱了。"爸爸和妈妈还是要替他付账,还是说了算的人,还是要给他设定一些苛刻的规矩,比如说限制他去玩的地方,也限制他晚上回家的时间。这一切都让他感到那么的伤人自尊!

在他15岁人生中令他最为渴望的事情,就是能够自立门户,从家里走出来。只要有可能,这个年龄的年青人真愿意彻底地独立生活。他会这么告诉我们:"我爸妈想要我在家里多待会儿,可是倘若我真在家里多待会儿,他们又肯定受不了。"

与父母关系进入"白热化":让他如此难以忍受的人是爸爸还是妈妈,有时候相当难说。有一位妈妈说,"我们至少还能说得上话",这真算是很好了。15岁的年青人对待父母的心态常常就是"我真受不了她""能离她远点儿就好了"。

不过总的来说,跟爸爸之间的关系似乎比跟妈妈之间要缓和一些,"他比我妈更能理解我一些"。这种稍微缓和一些的亲子关系,可能只不过因为爸爸通常来说更能放得开手一些,而妈妈则可能更尽心尽力于改进她15岁孩子的所作所为。父子之间大多数情况下会更明智地"井水不犯河水"。可是一旦"井水"犯了"河水",父子之间照样硝烟弥漫。

家长提出的建议,不论是来自爸爸还是妈妈,都很可能会遭到孩子嗤之以鼻。14 岁的时候，孩子最主要的是觉得父母太丢他的脸；到了 15 岁，他则每每朝父母翻白眼，瞧不起他们。但凡父母驳回了他的任何"合理"的要求，诸如要父母给他买一辆摩托车甚至汽车（尽管这时候他还没有资格领取驾驶执照），他都不会给父母好脸色看。

而且很多 15 岁的年青人反感父母"不合逻辑的行为"（他们认为父母就是如此）。我们来看看 60 年代（1960—1970 年）《幽默》杂志中是怎么描述孩子对父母说了什么，孩子希望父母怎么回应，而父母实际上又是怎么应答的吧！

孩子对父母说："妈！好消息！我刚刚获得了哈佛大学的全额奖学金！"

孩子期望父母会说："我的天！我们家居然出了常春藤联校的人！我太开心了，我都要哭了！"

父母实际上却这么说："得了吧你，你是有本事考上常春藤联校，可是你竟然没本事让你的屋子保持整洁！"

再来——

孩子对父母说："你猜怎么着。我今天做了天资检测，结果说我可以当一名出色的医生！"

> 孩子期望父母会说："嘿，孩子他妈，我跟你说，将来如果有谁发现了治愈癌症的良策，那一定是咱家的谢尔登！"

> 父母实际上却这么说："医生？切！你以为他们发现你成天怎么欺负你妹妹之后，还能让你去当医生？！"

与兄弟姐妹关系缓和：总体来说，15岁的孩子跟兄弟姐妹的相处比跟父母之间要好很多。跟哥哥姐姐之间不会闹得太僵；而且在最好的情况下，他很可能在父母面前出手保护弟弟妹妹。他可能会这么对父母说："她挺好的一个孩子，你别老去说她什么了吧。"不过另一方面，他又很可能自己花相当大力气来调教这个"挺好"的妹妹。

与朋友关系最要好：在这个年龄，既然家庭让他感到最不堪忍受，那么朋友自然就成了他最看重的人。父母常常这么对我们说："他怎么也离不了朋友，怎么也容忍不了家人。"比如说，你有一个比较开朗的女儿，她可能根本跟你不说话、不交流，如果她肯跟你争吵，那已经谢天谢地了；可是她在朋友家的派对上，跟她那"一大帮子"朋友在一起时，却是整个晚会的活力中心。你若看见了一定认不出那就是你女儿，这简直判若两人。又比如说，你的女儿比较内向，她只有一两个最要好的朋友，那也一样，在家里和在外面，她肯定完全不同，跟朋友她可以倾吐秘密，谈论人性，可是跟你却简直无话可说。

不仅女孩子如此，男孩子也是这样。少数男生也可能只肯交一两个最亲密的好朋友，而且他挑选朋友的依据往往是对方的品性："我就喜欢这种有脑子的人。"更多的男生则常常就像是一个"帮派"的"帮主"似的，用父母的话来描述，那就是："他那些朋友总没完没了地要来找他。"朋友之间，他们最在乎的就是能够互相帮助："无论大事小事，我们都相互帮助。"

"谈朋友"是这个年龄段最为快意的事情之一。我们最近调研的这个年龄组的孩子当中，大约有 ¾ 的女生以及将近 ⅔ 的男生已经有了固定的异性"朋友"（或者正要固定下来），当然也有些人这时候没有"朋友"。大多数人都表示他自己或者朋友"亲热过"，而且一半以上的人宣称至少他的某些朋友（甚至自己）"已经那个过了"。

不论男生还是女生，都特别喜欢参加派对，很少有例外。在派对上，至少根据孩子自己的报告来看，他们往往比父母希望的要更加老到圆滑。他们告诉我们，在派对上最受欢迎的活动是喝酒，其次是吸毒，"亲热"、跳舞、聊天排列其后。小时候在派对上最受青睐的饮食、游戏节目等，现在已经没人在意了。

毫无疑问，朋友是 15 岁年青人的一切，他有多少时间就能花多少时间在朋友身上。而且大多数情况下，他很享受跟朋友的相处。至于家庭、父母，我们必须承认，对他来说则是完全不同的两码事。

我们讲了这么多孩子跟他人之间的关系，可是，他怎么看待自己的呢？这个年龄的年青人很关注自己的品性，而且更关注自己的心性、想法、观念。虽然这种对自我的关注会导致跟家人以及朋友的许多争执（他自己把这称为"探讨"），但是这种行为无疑是他越来越趋于成熟、越来越接近成年人的好兆头（哪怕他的这种成长还是可能会出现反复）。尽管我们不见得会认同 15 岁年青人的观点，但是我们必须尊重他的想法。而且，年青人本身也非常强调这一点。

15 岁年青人对自我的观念还有挺有趣的一面：他对自己将来的计划。我们这组孩子当中，约 ¾ 的女生以及一半的男生（不算高比例）希望将来去上大学。超过 ¾ 的人打算将来结婚，而且这些孩子几乎全部打算将来要孩子。女生和男生一样，也会为自己将来的职业做考量，不过大多数女孩子都认为，将来有了孩子的话，孩子年幼的时候她会辞职在家里照顾。

道德上允许灰色地带：至于说到道德意识的成熟度，我们现在可以看到一个相当大的增幅。不论是男生还是女生，都不再简单地以黑白两极来看待一切，而是能够接纳一定程度的灰色地带了。许多人都已经知道考虑自己的行为可能会给别人带来什么样的影响，并会因此而自行调整其言谈举止。

大多数这个年龄的年青人已经开始尝试自己鉴别是非，而且许多人都承认父母的教诲对他们有很大的影响。许多人都认为良知非常重要，对己对人讲究公平和诚信也非常重要。一旦自己真做错了事情，他们大多数都能够承认错误，承担责任（除了来自父母的批评与指责）。还有，15岁的年青人太乐于跟人争辩了，尤其是如果能驳倒父母证明他们是错误的话，那就太爽了。

尽管这个年龄的孩子大多数都有着相当强的道德意识，可是，15岁年青人做的事情却没法让父母不格外操心：除了少数人之外，几乎所有这么大的孩子都对我们承认他们吸烟，至少也是偶尔吸烟，喝酒的程度也跟这相差不远。而且，我们这个年龄组的孩子当中，将近90%的人宣称他认识的朋友当中，有人甚至是他自己在吸毒。这种吸毒行为既有偶尔为之的（"跟大家在一起的时候应一下景"），也有更为频繁的。

在15岁之前，许多青少年的不良行为或者不良品格多多少少都还处于父母能够控制得了的范围之内。但是一旦到了15岁，那些不肯遵守社会规范的年青人，比如未婚先孕的女孩子，在街上打砸抢的男孩子，以及已经陷入毒瘾中的青年男女，则往往已经非父母所能够控制得了的了。不过，在道格拉斯·H.鲍威尔的著作《家有青春期孩子：父母该怎么做》中，我们还是看到一些令人鼓舞的说法："根据心理学专家的统计，青少年中只有大约⅒的人有真正严重的情绪及行为失控问题。"

有良好的情绪控制能力：在情绪控制方面，尤其是当孩子真的遇到糟糕透顶的事情时，典型的 15 岁年青人往往能有很好的自控力。情绪及行为上的激烈反应虽然难免，但是和以前相比要少得多。他们大多会在自己生气的时候转身离去，或者回骂几句粗口。也有些人会生生闷气，筹划一下该怎么报复，但是大多数人会相当成熟地克制自己的怒气，甚至会找对方把事情说清楚。

对上学的态度，这个年龄的孩子往往走两个极端：一部分原因在于孩子自己的个性，另一部分原因则在于孩子遇到的老师。求知欲似乎陷入了年青人抗拒权威、挑战权威人士的战争之中。

因此，一个 15 岁的学生很可能对老师相当抵触，针锋相对地唇枪舌剑，以至于往往影响教学的进行；要么就是彻底反过来，格外喜欢接受功课上的挑战，不但从中学到了很多的东西，拓展了很多的知识，而且真真切切地崇拜老师。

对成年人的"刺探"：15 岁年青人最明显的特征之一，而且是相当触动人心的一个侧面，在我们的研究访谈中显露了出来：那就是他对任何来自成年人的"刺探"，或者略微显现出对他本人或者他的活动感兴趣时的独特反应。这让我们觉得，如果说 13 岁的孩子是最不肯与人交心的孩子的话，那只不过是因为我们尚未认识到 15 岁的孩子会怎样与人交往而已。

在与 15 岁孩子的访谈中，情形往往是下面这样的对话。

访谈人员："说说看，你在学校里表现怎么样？"

15 岁孩子："你想问什么？"

访谈人员："呃，比方说，你的学习成绩怎么样？"

15 岁孩子："你想问哪一科？"

访谈人员："呃，比方说，数学吧！"

15 岁孩子："平均水平。"

很显然，这问不出什么名堂来。很快我们就会发现，对方对我们的话题或者他不得不回答的问题相当不感兴趣，只不过陪着我们勉强谈下去而已。

在经历大约 5 分钟（也许更少）这种对晤谈显然没什么兴趣的沉闷之后，年青人有可能开始对我们的工作人员感兴趣："你打字速度很快嘛！"而访谈人员这时则可能淡淡地回应道："呃，我做得久了而已。"

他这时会再来另一句称赞或置评，用不了多久，就变成了 15 岁的孩子在那里想要缓和访谈气氛了。这个年龄的孩子其实很愿意跟你交心，或者至少愿意跟你交谈，只不过只有当他确信无论他肯不肯这么做都对成年人无关紧要时，他才肯敞开心扉。

❖ 给父母的建议

根据我们对这个年龄段孩子的了解，在此我们想对父母提出三条建议。

第一条，家长可以好好利用孩子对功课的浓厚兴趣，对争执与辩论的格外偏好这一特点。哪怕你不认同孩子的观点，但是，一旦这个年龄的年青人认为你真的能够尊重他的聪明才智，这往往能引导他对问题进行更深入的思考和探究。什么时机合适，这取决于孩子而非你。假如你主动提出建议，邀请孩子和自己来一次有意义的学术探讨，他很可能会像躲避瘟神似的逃离。可是如果你能把握机会趁热打铁，比如说当他振振有词地指出你的观点如何错得离谱时，你便可以借机和他展开辩论，开始的时候你应小心谨慎，随着话题的深入则可能最终跟孩子进行一场很有价值的探讨。

值得你好好利用的第二个方面，是孩子越来越强烈地需要独立自主，越来越渴望做真正的自己。对于这一点，你应该予以充分的理解和尊重。也就是说，尽管你可能觉得你的儿子或女儿需要更多的监管和保护，可是孩子却觉得你管得太宽了，保护得太过头了，那么你不妨问问自己："我的这条提议以及这份谨慎，是否真的必不可少？"请尽量给孩子更多一点自由；而这个"更多"，是跟你自认的"安全范围"相比较而言。孩子越觉得被你约束得太厉害了，就越是不肯任由你管束；反之你越放宽松，他则越有意愿听从你。这个年龄的年青人太渴望自己能被你当成一个成年人来对待，尽管他的言谈举止常常使你没法把他当成年人看。作为父母，请多给予孩子以理解和同理心，这远比对孩子失去耐心要好很多倍，尽管我们非常能够理解有时候要保持足够的耐心可真不容易。

最后一条，如果你渴望得到你家15岁大孩子对你的尊重，或者你渴望知道他都在想些什么、做些什么，请不必要求得太执着，也不要显得太迫切。但凡妈妈请求孩子，"我特意给你织的毛衣，你怎么不穿呢""你要不要吃一块馅饼啊？那可是你最喜欢的呢"，诸如此类的话，往往招致孩子的白眼。

又比如，孩子"居然这么晚了"才回家，假如你真想知道女儿或者儿子都干什么去了，那么千万别在人家刚进家门时就上前盘问。最好你能按捺住自己，摆出一副对这个问题不怎么感兴趣的架势来。这是因为，从整体上来说，15岁孩子的内心深处是尊重你、喜欢你的，他其实愿意跟你分享他的哪怕只是局部的生活奇遇。只不过，这必须是在他确信你并不会心里猫抓似的渴望知道他都做了些什么的情况下，他才肯开金口。

2.令人愉悦的16岁孩子

　　根据我们对儿童及人类发展的研究，理论上来说，16岁的孩子应该进入了开朗而和顺的年龄段。有关他的一切，应该比头一年好很多。从这一点上来看，自然的成长规律总算给了我们一点好果子吃。

　　实际上，16岁的确是一个顺当的、让人惬意的年龄。他显得对"自我"的感觉相当笃定，而且也许正因如此，他的内心相当安详，在为人处世方面也就显得相当包容。

　　哪怕你看看他身体的姿势，你就能几乎得出这样的结论来。15岁的孩子站立或行走当中，常常一侧肩膀朝前倾斜，或者两边肩膀都会端起来。这个女孩子可能会满脸蔑视地朝你不屑地一甩头，那个男孩子则可能低低地垂着他的头。可是到了16岁就不一样了，他们的身体姿势相当放松，让人觉得他们的内心世界也应该相当放松。

所谓"美好的16岁"不仅仅是艺术化的诗句，16岁真的很甜美，尤其跟刚刚过去的艰难岁月相比较。14岁的孩子，我们前面已经讲述过，每每对父母看不顺眼。他会对妈妈说："你出门怎么不戴那顶帽子？"也会对爸爸说："做花生？如果这就是你的工作的话，我简直不明白你为什么还要去上班。"

15岁的孩子也不好相处，他不但总喜欢跟你争论不休，没完没了地反驳你，而且对家人的态度总是那么不屑一顾，对家庭生活更是如此："我情愿出去住旅店。"

对待家人很友善：正因如此，一旦16岁的孩子不但对家人友善得多，而且甚至能够欣赏和尊重家人，这无疑令做父母的大大松一口气。到目前这个年龄为止，父母对孩子最大的不满就是儿女只知道索取而不肯给予。可是，16岁的孩子愿意给予了。他不但会表达出对父母的尊重与欣赏，甚至有时候会刻意做些事情使家庭生活更加和谐。为了能维持家庭关系的融洽，这个年龄的孩子常常把自己的需要放到第二位。

这就像是数年以前，浑身是刺的11岁孩子进入12岁之后成长到一个新的层次，变得心平气和一样，15岁的孩子也终于越过了一道坎儿，其心境从15岁时的低谷升入了16岁时的峰顶。一个典型的16岁孩子，不论在父母眼中还是在旁人眼里，都常常是一个愉快、友善、积极、开朗、能屈能伸、就事论事的人。有些人甚至愿意主动克制自己的情绪，好让别人能跟他相处得更愉快一些。

也就是说，这时候的他常常能做到性情平和："我不再像以前那般容易生气了""我的情绪现在相当平稳"。而且，他不但脾气性格变得好了很多，幽默感也突显出来，不但能够从幽默的角度看到一件事情的可乐之处，而且他的谈吐也往往能让成年人觉得忍俊不禁。你常常可以从他的日常言语以及功课中感受到这种幽默情趣。

情绪稳定：16岁年青人的"自我"意识，在这一阶段也达到了一个新的平衡点，他对自己相当满意。前些日子那种对自我近乎痴狂的寻找，那种往往靠打压别人才能感受到的"自我"，总算暂时消停了下来。他看来挺喜欢自己，对自己蛮有信心。一旦遇到问题，他现在常常可以这么说："我要自己来搞定这个问题。"

尤其美好的一点是，他更能接受别人的批评了。不论年青人自己还是孩子的父母，这时候往往会对我们说，"一切都比过去好多了"。有些孩子甚至会很坦率真诚地罗列出自己的一些缺点来，"我说话太快了""我太喜欢跟人争辩了"。

自主掌控生活：在家中的日常生活，比如吃饭、睡觉、洗浴等，还有对衣装的选择、采买、收拾等，现在几乎全由年青人自主掌控了。不少孩子为了挣钱、赚钱而肯做很多事情。不过与此同时，不少孩子却仍然不肯好好收拾自己的屋子，哪怕仅仅是让人能看得过去都做不到。

与人为善：由于16岁孩子对自己相当满意，内心相当踏实笃定，因此他和旁人的人际关系比过去大有改善（实际上常常是十分融洽）。很明显，孩子现在心里很有安全感，这时的他不再企图通过与权威人物的对抗来证明他的独立性与自我价值，与父母师长交往的时候往往显得恬然而淡定。

而跟妈妈之间的关系更是充满了温馨，大多数情况下他都不再把她视为"监狱看管"，而把她当成一个普通人来看待了。这时候我们不难听到孩子这样提及自己的妈妈："我妈可辛苦了，而且特别无私，她做的每件事情都不是为了自己，而是为了我们。"有一个男孩子，15岁的时候曾经对我们说："我真受不了我妈，她简直没法跟我想到一块儿去。"可是如今他却这么说了："噢，我和我妈相处得蛮好，我们其实一直都相处得蛮好！"

女儿和爸爸的关系大多也相处得不错，也许又能够重新开始变得尊敬他，除了爸爸对她"谈朋友"限制过于苛刻之外。父子之间的关系也一样，除非爷俩之间性格、矛盾等冲突太厉害，儿子大多也重新表露出对爸爸的权威一定程度的尊重："他还是挺严格的，我得小心着点儿才行。"

和兄弟姐妹之间的关系，虽然有一定数量的人可能还是会跟对方斗嘴、冲突，但是大部分 16 岁孩子和兄弟姐妹的相处真是相当愉快，甚至有人还会反省自己过去的所作所为："那时候我对他们太颐指气使了。"

有些 16 岁的年青人还有可能做到凡事以家人为重，为了家庭生活的和谐，他不惜把自己的需求和愿望放到次要位置。有不少人认为父母已经给了自己"相当合理"的自由度和独立度。

总而言之，家庭生活对我们的年青人来说，和刚刚过去的岁月相比，变得让人快乐多了。不只是家庭，"在学校里也比过去的日子好过多了"，这可是 16 岁孩子自己的话。他们对我们说，老师变得比过去好多了。这是因为跟在家中的情形一样，年青人不再那么需要通过对抗权威来证实自己的价值，反而能够看到成年人的优点和善意。

在与我们格塞尔人类发展研究所惯例性的面晤之时，以及与其他成年人的会谈当中，16 岁年青人的对应显得从容而友善。不论男孩还是女孩，似乎对任何问题都胸有成竹。不少人还很礼貌地夸奖我们的工作人员"对我很有帮助"，说"我们交谈得很愉快"。只不过我们的这类晤谈大多都不会是深谈，对方虽然彬彬有礼，但是他们的讲述一般都不会细致而详尽。

这其实和他当年 13 岁时的不肯吐露秘密，以及 15 岁时的不屑与人沟通并不是一回事。现在他只不过不再像过去那般认为跟成年人交流是很重要的事情罢了。16岁的年青人对成年人其实相当接纳与包容，他无非是如今不再认为成年人有多么了不起而已。

一方面，16岁孩子和家人相处十分融洽；另一方面，他实际上更愿意和朋友在一起。（其实，也许正因为家庭对他来说已经不再是那么不可或缺的存在了，所以他如今反而能以更安详、友善的态度来接纳自己的家人了吧！）

只要他有朋友，那么朋友对他的意义比以前更重要，和朋友的相处也比以前更和谐。他们的友情十分浓厚，而他们之间的相处又十分惬意："我什么都告诉她，她也什么都告诉我。"女孩子尤其喜欢跟她最要好的闺蜜分享自己和交往日厚的男友之间的各种经历、故事，这能让她更感到安全、舒坦和快乐。男孩子之间其实也一样。

男孩和女孩往往都会有不止一两个朋友，有些甚至是一群朋友，男孩子尤其如此。女孩子结交朋友多半是因为对方的秉性；男孩子虽然也会如此，不过他们可能觉得大家共同爱好的一些活动，尤其是体育活动，更是他们友情的纽带。

至于和异性朋友之间的关系，大多数情况下都相处得不错。我们研究的这一年龄组的孩子当中，有⅔的男生以及¾的女生表示，自己和"恋人"已经"定了下来"（应该是不久以前），或者正打算"定下来"。几乎所有年青人都提及他们自己（或者朋友中有人）和对方"亲热"过了。还有68%的女生以及72%的男生表示，他们自己（或者他们的朋友，或者他们认识的人当中有人）已经"那个"过了。另外，令人担忧的是，50%的女生说她们有些朋友已经因为性而"惹了麻烦"。也就是说，我们推测有了身孕。（这一统计数据的比例在17岁年龄组增加到了66%）。（译者注：这是20世纪80年代的统计数据。现在美国青少年怀孕的社会问题已经大大改善。）

在我们的问卷中，16岁年青人关于派对上"男女关系及行为"的应答，跟之前的数据相比让人似乎能舒展一下眉头。对女生来说，她们在派对上最主要的是跳舞、喝酒，以及意思比较隐晦的"找乐子"。对男生来说，喝酒（问卷应答中54%的男生如此）、谈天、"找乐子"，还有吸毒则是他们最热衷的活动。而之前在派对上年青人热衷的"亲热"行为，在这个年龄组的比例则相对减少。估计是因为这时候更多的男女"朋友"已经稳定下来，彼此满意，他们不但成双成对地出入派对，而且派对也不再是他们表达"亲热"的最佳场所了吧！

我们的这个年龄组当中，有84%的女生表示将来打算结婚与工作两不误。68%的女生计划将来在孩子幼年阶段离职在家照顾小孩。至于行业或者职业方面的偏好，34%的16岁女孩子仍然表示自己尚未确定；而确定了的女生则以护士职业为首选。选择其他的职业则十分分散；另外，到了 17 岁的时候，又以教师和秘书职业最为热门。

对于男生来说，相对而言只有 18% 的人确定不了将来想要从事什么职业。另外，男生的选择多以律师、建筑师、木匠为主，不过其他选择则是五花八门，比女孩子的选择还要分散。

最让父母感到欣慰的一个 16 岁的典型特点是，这个年龄的男孩子和女孩子都愿意承担起对家庭的更多责任。比如说，他们会担当起照顾弟弟妹妹与分担家务劳动的责任；又比如说，他们会愿意到外面去打一份工；还有，他们甚至愿意做些自身的努力让家庭氛围更加和睦。

道德意识方面也有了进一步的成长。大多数 16 岁的年青人相信自己一般来说都能明辨是非，而且大多数情况下他都能做好事而不做坏事。公平也是一个非常重要的道德观念，不过，他有可能更注重的是理论上讲求公平，而非实际生活中的公平。因为在我们这个年龄组的问卷中，有将近 60% 的人对目前各种族的融合程度感到满意。另外，只有 40% 的女生以及 48% 的男生认为他们长大之后要为改进"社会现状"而做些什么。

　　孩子在成长的过程中，有些年龄段处于平和年龄段，例如我们这里讲述的 16 岁就是其中之一。和其他比较艰难的年龄段比起来，平和阶段显然没什么起伏跌宕。当你的孩子终于走到了平和的 16 岁时，父母往往会想不通以前跟孩子之间怎么就会有那么多的矛盾冲突。

　　其实，这些矛盾冲突都是缘于孩子成长过程中的艰难和复杂。尽管 16 岁的孩子仍然算不得真正的成年人，但是这个年纪的青年男女都会进入一段虽然不长久但是相当和谐而满足的人生阶段。

　　在这个相对短暂的时间段里，生活在他身边的人们虽然不见得比他自己更重要，但是至少他会想到这些人，知道为这些人着想。16 岁的年青人能够以理解的心态，甚至是满腔的热情，去正视成年人的要求，哪怕他并非十分情愿遵照成年人的要求去做。

　　16 岁的孩子让我们看到了一个美好的前景：我的儿子或者女儿，成年后就该是这样的人。我们和 16 岁孩子之间的沟通，与其说是孩子与成年人之间的交流，不如说是成年人与成年人之间的交流。这一段美好的日子，不但让父母，也让孩子，让所有生活中的人，都能享受到一份充分的满足。

Appendix

附 录

附录一：

资料与数据的来源

❖针对原有研究对象

针对我们原有研究对象的数据收取方式，包括如下几个方面：

首先，我们让每一个人都做一份统一的格塞尔发育成长检测问卷，另外还为他们做了智力测验，以及3次专项检测（包括罗夏墨迹测验、洛温菲尔德色彩镶嵌测验，以及主题统觉性格测试）。

其次，我们为每个孩子做了一次彻底的眼科检查、身体检查，包括身高、体重、握力等；也为他们做了身体照相，用以体形分类分析。他们每一个人还接受了各自年龄段的生长成熟程度检测。

最后，我们还就下面的调查内容和每一个研究对象做了一对一的晤谈：生活自理、日常作息、情绪感受、自我意识、人际关系、兴趣爱好、活动项目、健康状况、紧张宣泄、学校生活，以及道德意识。除了跟孩子本人的晤谈之外，我们还会和他们各自的父母晤谈，谈论的主题大致相同。在可能的情况下，我们还会邀请孩子的老师也来接受我们的访谈。

❖ 针对参与 1977—1978 年问卷调查的研究对象

除了上面的研究对象组，我们还有第二组研究对象，也

表 二

1977—1978年接受调查问卷学生的统计数据			
年龄	女孩	男孩	总数
10	75	75	150
11	100	100	200
12	100	100	200
13	50	50	100
14	50	50	100
15	75	60	135
16	50	50	100
17	54	25	79
总　计			1064

就是在 1977—1978 年间通过问卷形式参与了我们的调查研究的那一组人。这些问卷我们通过学校老师借用社会学等相关学科的课题而交给了学生，覆盖面从小学到高中都有，而且遍及全美国。学生们的应答，也是利用课堂作业时间完成的。

从我们收回的问卷来看，偶尔会有学生以"这些问题有谁真正想知道呢""这些跟你有什么关系呢"为由而不做应答；但是，绝大多数的答卷都显得认真而诚恳。我们允许所有参与应答的学生都以匿名形式交卷（答卷的时候不必写上各自的姓名），因此学生们的应答都十分翔实而且坦率。

参与这次问卷调查的学校，从地理位置上来说，从东海岸一直延伸到了西海岸。更详细地说，是来自以下地区的学校：纽约市的长岛，康涅狄格州的吉尔福德、哈姆登、塔夫脱维尔，新罕布什尔州的彼得伯勒，艾奥瓦州的芒特普莱森特，华盛顿州的吉格港、塔科马。表二显示的是接受问卷学生的统计数据。

我们手上并没有这些问卷应答者的智商测试数据，但是，我们可以根据他们的社会背景做出分析报告。这一批参与问卷的男孩与女孩，社会背景千差万别，从来自上流社会的私立学校的学生，到大都市的中等家庭的孩子以及乡村里中等家庭的孩子，到小城市里下层社会家庭的孩子，都有。参与问卷孩子的家长，比如来自同一所军校里的学生家长，既有上校军官也有普通士兵。大多数参与问卷的孩子来自双亲家庭，少数孩子则由离异或者丧偶的妈妈养育，还有极少数的孩子一直是单亲抚养。大多数参与问卷的孩子是白人，只有少数是来自纽约的几所学校的黑人孩子。

来自这些调查问卷的数据我们很容易整理出来，所有的这些应答数据也都被我们制成了表格。我们整理出来的数据整合到了表三至表七里，请参阅下表。这些数据表格涵盖了以下主题：对上大学、结婚以及未来职业的看法；20世纪50年代的孩子对婚姻的看法以及20世纪70年代的孩子对婚姻的看法的两相对比；谈恋爱以及性行为的数据；还有就是有关吸烟、饮酒、毒品、开派对、看电视的统计数据。除了表格之外，我们还整理了一些文字资料附在后面，而且分别加上了相对应的小标题。

❖ 1977—1978年针对10—16岁孩子的问卷调查

年龄：

性别：

年级：

对将来上大学以及就业、结婚的规划

你打算上大学吗？

你打算高中毕业之后就去工作吗？

你希望做什么样的工作？

你打算结婚吗？

你打算在结婚后继续工作吗？（只需女生回答）

你打算在孩子年幼时离开工作岗位吗？（只需女生回答）

你是否打算要孩子呢？如果要，打算生几个？

道德意识

你认为我们的学校和居住社区，在种族融合方面做得足够好吗？

你认为政治家是诚实的人吗？

你认为你会通过政治或者其他途径，来改善我们国家的现状吗？

看电视

你平均一周花多少时间看电视？

你喜欢的电视节目有哪些？

你觉得电视上的暴力镜头对你有负面影响吗？

针对应该看多长时间的电视合适，你与父母有冲突吗？

你觉得看电视是利大于弊，还是弊大于利？

吸烟、喝酒、吸毒

你认识的男生或者女生有喝酒的吗？有吸烟的吗？

你认识的男生或者女生有吸毒的吗？如果有，吸食哪种毒品？

如果你认识的人当中有吸毒、喝酒的，他们是偶尔在派对上这样做，还是偶尔一伙人在一起时这样做，抑或真的已经喜欢上这些东西了？

你所在学校或者社区，有没有孩子因为吸毒或者喝酒而"惹了大麻烦"的？

男女"朋友"（10—12 岁年龄组）

你有没有开始"谈朋友"？

如果还没有，你是否打算开始找人"谈朋友"了？

如果你已经开始了，是单独和"朋友"约会，还是和你的朋友一起；两对"朋友"一起玩，还是好多对约在一起"谈朋友"？

你认为你对性知识的了解足够多吗？

你在派对上都会做些什么？

男女"朋友"（13—16 岁年龄组）

你经常和"朋友"约会吗？

你认为"朋友"关系应该固定下来吗?

你自己已经有了固定的"朋友"了吗? 如果有, 你们约会多少次了? 你们在一起多长时间了?

你在派对上都会做些什么?

针对约会更详细的问题（13—16岁年龄组）

你所认识的朋友中有偶尔或经常会有"亲热"举动的吗?

你所认识的朋友有人都"已经那个"过了吗?

如果你的朋友中有人"已经那个"了, 你觉得他们采用了哪些避孕方式?

你有没有认识的朋友因此而"惹了麻烦"（怀孕）的?

附录二：
数据表格

表三

上大学、职业选择，以及结婚打算
（应答为肯定的百分比）

	10岁		11岁		12岁		13岁		14岁		15岁		16岁		17岁	
	女	男	女	男	女	男	女	男	女	男	女	男	女	男	女	男
你打算上大学吗？	87	70	82	70	78	66	84	88	78	84	77	54	74	68	74	88
你打算结婚吗？	87	82	89	72	74	83	86	88	70	72	82	78	84	84	96	86
你打算要孩子吗？	84	79	85	72	81	72	86	82	80	78	75	72	86	88	92	86

50年代之问卷数据(女1、男1)与70年代之问卷数据(女2、男2)针对是否打算结婚之统计数据比较

10岁				11岁				12岁				13岁				14岁				15岁				16岁			
女1	女2	男1	男2	女1	女2	男1	男2	女1	女2	男1	男2	女1	女2	男1	男2	女1	女2	男1	男2	女1	女2	男1	男2	女1	女2	男1	男2
81	87	50	82	91	89	52	72	85	74	55	83	94	86	75	88	100	70	43	72	100	82	75	78	80	84	19	84

表四

"谈朋友"统计数据（百分比）

	10岁		11岁		12岁		13岁		14岁		15岁		16岁		17岁	
	女	男	女	男	女	男	女	男	女	男	女	男	女	男	女	男
想开始找人"谈"	54	65	57	71	34	52										
已经开始"谈朋友"	15	26	30	42	35	38										
"谈"得相当频繁							30	32	32	56	39	55	48	64	70	32
相信"朋友"应该"定下来"							56	68	56	74	85	69	78	80	86	56
正要"定下来"或者已经"定了下来"							40	44	68	54	76	60	76	68	88	56
有朋友已经"亲热"过了							90	90	82	75	87	72	88	80	90	48*
有朋友已经"那个"过了							25	30	57	55	78	55	68	72	81	44*
有朋友已经"惹了麻烦"了							25	40	39	50	53	22	50	32	66	8*

*这个年龄段的男生提供的数据，很有可能是更为谨慎，而不是更为真实。

表五

各年龄段男女生针对"你认识的朋友当中有吸烟、喝酒、吸毒的吗"提问
(应答"有"的百分比)

	10岁		11岁		12岁		13岁		14岁		15岁		16岁		17岁	
	女	男	女	男	女	男	女	男	女	男	女	男	女	男	女	男
吸烟	52	54	75	46	80	68	84	68	100	88	98	96	86	96	100	100
喝酒	38	34	21	30	52	52	66	64	74	80	94	92	96	92	100	100
吸毒	12	12	21	31	32	39	46	48	90	82	91	88	86	86	82	82
因喝酒吸毒而"惹了麻烦"*	15	12	9	9	22	18	30	22	52	32	58	53	50	58	46	52

*这一数据是针对"有没有你认识的人惹了麻烦"的肯定应答比例,而非针对"你是否惹了麻烦"的应答。

表六

"在派对上你会做些什么" 之统计数据

	10岁		11岁		12岁		13岁		14岁		15岁		16岁		17岁	
	女	男	女	男	女	男	女	男	女	男#	女	男	女	男	女	男
吃	21	15	4	6	24	16	16	16	24	20	8	3	6	6	16	6
聊天	6	0	24	42	28	8	14	20	12	35	22	14	20	28	22	24
玩游戏	18	30	40	0	28	12	14	6	0	5	13	2	4**	6	2	0
跳舞	12	5	32	42	54	8	32	40	24	60	22	14	38	14	40	32
"找乐子"	1	20	0	6	20	8	14	12	16	20	8	11	22	28	30	0
听唱片	0	0	0	0	20	8	6	2	10	15	17	16	10	8	18	0
"亲热"	0	20*	20	16	20	16	24	28	16	95	20	23	6	18	6	8
喝酒	0	0	0	0	4	12	8	12	16	65	42	31	24	54	56	32
吸毒	0	0	0	0	8	4	16	6	28	50	30	26	16	24	18	24

* 10岁孩子不见得知道"亲热"是指什么。

** 16岁、17岁孩子的游戏包括扑克牌。

只有20个学生回答了该问题。

下划线：属于该年龄段比较突出的数据。

表七

看电视统计数据

50%以上的男女生每星期看电视小时数*

	10岁		11岁		12岁		13岁		14岁		15岁		16岁		17岁	
	女	男	女	男	女	男	女	男	女	男	女	男	女	男	女	男
	20	25	15	25	15	20	15	20	10	15	15	15	15	15	10	15

"电视暴力不会带给我负面影响"的统计数据

	女	男	女	男	女	男	女	男	女	男	女	男	女	男	女	男
	68	68	82	69	74	70	74	58	50	54	87	67	76	84	72	88

"电视带给我的益处比害处更多"的统计数据

	女	男	女	男	女	男	女	男	女	男	女	男	女	男	女	男
	52	58	52	56	48	59	58	56	50	54	64	62	56	64	54	68

*我们应该这样理解这一数据表：50%以上的10岁少年，每星期看电视的时间，男生不超过25小时，女生不超过20小时。其他年龄以此类推。

图书在版编目（CIP）数据

你的13—14岁孩子 / （美）路易丝·埃姆斯，（美）弗兰西斯·伊尔克，（美）西德尼·贝克著；玉冰译. —— 北京：北京联合出版公司，2018.10（2023.8 重印）

ISBN 978-7-5596-2331-7

Ⅰ.①你… Ⅱ.①路… ②弗… ③西… ④玉… Ⅲ.①少年儿童－家庭教育 Ⅳ.① G782

中国版本图书馆 CIP 数据核字 (2018) 第 157646 号

北京版权局著作权合同登记 图字：01-2017-9096 号

Portions of this book appeared in a different form in Youth: The Years from Ten to Sixteen, by Loise Bates Ames, Ph.D., Frances L. Ilg, M.D., Sidney M. Baker, M.D., and Arnold Gesell, M.D. (Harper & Row, 1956).
Exerpts from THE GOOD HIGH SCHOOL by Sara Lawrence Lightfoot.
Reprinted by permission of Daedalus, Journal of the American Academy of Arts and Sciences, Cambridge, MA.
Excerpts from TIMES THREE by Phyllis McGinley
Copyright© 1952 by Phyllis McGinley. Renewed© 1980 by Julie Elizabeth Hayden and Phyllis Hayden Blake.
Originally published in The New Yorker.
Reprinted by permission of Viking Penguin Inc.
Copyright© 1988 by Dr. Louise Bates Ames; Sidney M. Baker, The Gesell Institute of Human Development, Tordes Isselhart, Carol Haber (for the estate of Joan Ames Chase); and the Estate of Frances L. Ilg.
Simplified Chinese edition Copyright © 2013 by Beijing ZITO Books Co., Ltd.
All rights reserved.

你的13—14岁孩子

作　者	[美]路易丝·埃姆斯	项目策划	紫图图书 ZITO®
	[美]弗兰西斯·伊尔克	监　制	黄　利　万　夏
	[美]西德尼·贝克	特约编辑	曹莉丽
译　者	玉　冰	营销支持	曹莉丽
责任编辑	李艳芬	装帧设计	紫图装帧

北京联合出版公司出版
（北京市西城区德外大街83号楼9层　100088）
艺堂印刷（天津）有限公司印刷　新华书店经销
字数152千字　880毫米×1230毫米　1/32　9.25印张
2018年10月第1版　2023年8月第9次印刷
ISBN 978-7-5596-2331-7
定价：49.90元

版权所有，侵权必究
未经书面许可，不得以任何方式转载、复制、翻印本书部分或全部内容。
本书若有质量问题，请与本公司图书销售中心联系调换。电话：010-64360026-103

紫图·汉字课

《汉字好好玩》（全 5 册）

有画面、有知识、有故事、有历史的汉字图书。
中央电视台、湖南卫视等多家媒体报道！
学汉字 就像在看画，写汉字 就像在学画！

　　《汉字好好玩》曾获选为台湾"百年文学好书"，多次参加两岸文博会，被中央电视台、湖南卫视等多家媒体争相报导，并引发代购狂潮。这套书保留了象形文字的精华，延续了汉字原创的精神，展现了"画中有字 字中有画"的汉字精髓，融合了文字学、哲学、美学与创意，以艺术的眼光介绍汉字！

　　作者精选 75 幅主题汉字画，500 多个常用汉字的起源和演变，打破传统一笔一画的汉字学习方式，倡导图像学习汉字的新思维！

出版社：中国致公出版社
定价：329.00 元（全 5 册）
开本：16 开
出版日期：2018 年 5 月

《一笔一画学汉字：1-3》

只要 15 幅汉字画，就能轻松学会 86 个汉字。
从根源认汉字，才是智慧的学习方式。

　　《一笔一画学汉字：1-3》是《汉字好好玩》作者张宏如给孩子的汉字启蒙书，作者原创多幅汉字画作品，打破传统的汉字学习方式，让孩子们从一幅幅汉字画中感受古人造字的精髓，识字就像看画，写字就像在画画。只要一幅汉字画就可以同时达到识字、写字的效果。

出版社：北京日报出版社
定价：129 元（全三册）
开本：16 开
出版日期：2019 年 5 月

《一笔一画学汉字：4-6》

只要 15 幅汉字画，就能轻松学会 80 个汉字。
从根源认汉字，才是智慧的学习方式。

　　《一笔一画学汉字：4-6》是《汉字好好玩》作者张宏如给孩子的汉字启蒙书，作者原创多幅汉字画作品，打破传统的汉字学习方式，让孩子们从一幅幅汉字画中感受古人造字的精髓，识字就像看画，写字就像在画画。只要一幅汉字画就可以同时达到识字、写字的效果。

出版社：北京日报出版社
定价：129 元（全三册）
开本：16 开
出版日期：2019 年 11 月

紫图 · 育儿课

《法布尔植物记：手绘珍藏版》（全2册）

因《昆虫记》闻名于世的法布尔又一巨作。

所有植物爱好者不可错过的"植物圣经"。

大自然给您和孩子的邀请信，送给孩子最好的礼物。

　　《法布尔植物记：手绘珍藏版》（全2册）由《昆虫记》作者法布尔耗时10年著成，权威，科学，生动有趣。法布尔用讲故事的形式讲述了植物一生的美丽故事，同时还告诉读者许多人生的智慧，是激发孩子探索世界的最好礼物。为了还原最真实的植物形态，绘者历时2年取景，培育植物，最终精美呈现出300余幅插画。

出版社：北京联合出版公司
定价：99.9元（全两册）
开本：16开
出版日期：2019年8月

《勇敢的小狼》（全6册）

本系列荣获2016/17年英国人民图书奖"最佳童书"奖项、提名2017妈妈选择奖"最佳儿童读物系列"、提名2017英国教育资源奖"最佳教育图书"。

　　《勇敢的小狼》（全6册）由知名童书作家创作，专业童书插画家配图，已授权多个国家和地区。这是一套专为4~7岁孩子创作的绘本，帮助全球孩子化解成长过程中遇到的情绪问题，让家长不再焦虑，让孩子学会管理自己。随书赠送4套情绪卡片。

出版社：北京联合出版公司
定价：199.00元（全6册）
开本：16开
出版日期：2019年6月

《青少年抗焦虑手册》

哈佛大学临床心理学家给孩子的成长课。

　　本书是一本为生活学习中普遍存在焦虑问题的青少年和年轻人提供的心理自助实用手册。孩子在父母或老师的带领下，在家里、学校里或者任何地方都可以拿来学习和使用，消除焦虑，纾解压力。书中针对具体问题设计了启发式问答及练习，帮助读者更好地理解焦虑的根源，养成积极的思维习惯。作者循循善诱，字里行间流露出同情和理解，充分考虑到青少年、年轻读者群的心理特点，融专业实用和趣味阅读于一体，是一本十分难得的心理健康读物。

出版社：现代出版社
定价：42元
开本：32开
出版日期：2017年2月

紫图·育儿课

出版社：北京联合出版公司
定价：49.9 元
开本：32 开
出版日期：2019 年 9 月

《开启高敏感孩子的天赋》

高敏感不是缺陷，而是上苍赐予 TA 最特别的礼物。

肯定 TA 的独特，开启他们的天赋，让他们感受更多，想象更多，创造更多。

《开启高敏感孩子的天赋》是高敏感孩子第一临床医生的扛鼎之作，给高敏感孩子家长的 41 个养育·照顾·陪伴的指导。全世界每 5 个人当中就有 1 个人是高敏感族，当这个人是孩子时，就是"高敏感孩子"。高敏感是种与生俱来的气质，它会成为孩子的弱点或是优点，全靠父母的教养方式。

出版社：北京日报出版社
定价：49.9 元
开本：32 开
出版日期：2019 年 9 月

《赢在未来的"虎刺怕"小孩》

"虎刺怕"（Chutzpah）是犹太人特有的"个性品牌"，代表勇敢、不畏权威、大胆。

马云说："在以色列，我学到了一个词，Chutzpah——挑战传统的勇气。我相信这种精神属于 21 世纪，属于第三次技术革命，属于未来。"

《赢在未来的"虎刺怕"小孩》是一本展现犹太人育儿经验的书，给家有 0~12 岁孩子的你，养出不畏权威、理性对话的"虎刺怕"小孩。小孩哭不停，大人到底该不该介入？孩子不爱念书，怎么办？和小孩讲话不听怎么办？……犹太人育儿经验告诉你，如果想要孩子赢在未来，那么就给予孩子充满安全感、幸福快乐的童年！

出版社：江西科学技术出版社
定价：39.9 元
开本：16 开
出版日期：2016 年 1 月

《妈妈强大了，孩子才优秀》

央视著名主持人李小萌真心推荐"一本教妈妈的书，胜过十本教孩子的书。"

书中强调了家长要接纳孩子，要了解孩子不同年龄的心理特色，不要进行错位教育，否则大人孩子都累！

本书是儿童教育专家罗玲经多年研究，并结合自身育儿经验的心血之作，不但解决了育儿中的难题，甚至改变了家长在生活中的态度。书中除了给出具体解决诸如孩子胆小、好动、打人、骂人、磨蹭、逆反、不认错、爱抱怨、爱哭闹等生活中常常让大人焦头烂额的育儿问题的方法外，还从根本上告诉家长要如何才能帮助孩子长成最好的自己，如何引导孩子合理发挥自己的智能。

紫图·育儿课

出版社：江西科学技术出版社
定价：49.9 元
开本：16 开
出版日期：2018 年 3 月

罗大伦《脾虚的孩子不长个、胃口差、爱感冒》

不伤孩子的脾，别伤孩子的心。

从调理脾胃和情绪入手，有效祛除孩子常见病根源。

2018 年修订升级版。

新增当下常见的儿童舌苔剥落成因及调理。

　　一本从调理脾胃和情绪入手，教会家长如何对症调理孩子常见病并祛除疾病根的书。书里介绍的各类调理方法已被无数受益的家长验证有效，只要家长认真按书里介绍的辩证使用即可。由知名中医诊断学博士、中央电视台《百家讲坛》特邀嘉宾罗大伦倾心奉献，帮助家长调理孩子瘦弱、不长个、胃口差、爱发脾气等一系列令人焦心的孩子生理和心理问题。随书赠送：孩子长得高、胃口好、不感冒的特效推拿、食疗方速查速用全彩拉页。

出版社：江西科学技术出版社
定价：49.9 元
开本：16 开
出版日期：2018 年 3 月

罗大伦《让孩子不发烧、不咳嗽、不积食》

调好孩子脾和肺，从小到大不生病。

指导家长用食疗和心理学方法 对症调理孩子常见病。

2018 年修订升级版。

新增怀山药治疗外感使用大全、白萝卜水止咳法。

　　书中把孩子发烧、咳嗽、积食各个阶段的病因和症状讲得通俗、清晰，可以让任何家长都能及时发现孩子身体状况的变化，防患于未然。介绍的调理方法简单、安全，多为食疗及外治法，能提供给家长一系列可操作的解决方案。由知名中医诊断学博士、中央电视台《百家讲坛》特邀嘉宾罗大伦和儿童教育专家、亲子、教育专栏作家罗玲联袂著作，教你快速成为孩子身体和心理上的全方位保护神。随书赠送：孩子常见疾病的每个阶段不同疗法速查速用全彩拉页。

出版社：江西科学技术出版社
定价：69.9 元
开本：16 开
出版日期：2019 年 7 月

罗大伦《图解儿童舌诊》

知名中医专家、中医诊断学博士罗大伦，根据孩子常见身体问题与不同体质舌象的精准分析，给出了 40 种对症调理孩子身体的食疗、泡脚、推拿方等。

　　很多孩子生病后，自己也说不清到底是哪里不舒服。作为家长，只要把孩子的舌象看清楚了，就能分析出孩子的问题到底出在了哪里，不仅能在疾病的早期及时给与疗育、推拿等调理的方法，也能在自己无法解决时，将孩子身体状况的准确信息传达给医生，便于医生诊治，从而更好地配合治疗，帮孩子早日恢复健康。